U0033366

AQUARIUS

AQUARIUS

Catcher

一如《麥田捕手》的主角，
我們站在危險的崖邊，
抓住每一個跑向懸崖的孩子。
Catcher，是對孩子的一生守護。

對話的力量

以一致性的溝通，化解內在冰山

李崇建・甘耀明

來自各方的好評與推薦

● **張輝誠**（中山女高國文老師、學思達創辦人）

人是群居動物，自然少不得溝通。從前人說，話不投機半句多，酒逢知己千杯少。這兩句很有意思，前者可見對話多麼困難，話不投機，半句嫌多，溝通中斷了，連結也失敗；後者可見對話多麼迷人，一旦合拍，溝通順暢，把酒言歡，一杯接一杯，其樂洋洋，其實酒只是助興外物，真正讓情投意合還是溝通的對話。問題來了，怎樣才不會話不投機？怎樣才能愈聊愈開，愈說愈多，愈談愈深，甚至閒談之間就能推心置腹，引為知己？這其中便有許多道理、觀念和技術可說，《對話的力量》正是完全解說和示範。讀完此書，學起來，對話就能產生全新的力量。

對話的力量

以一致性的溝通，化解內在冰山

● **曾明鴻**（國立馬公高級中學老師）

我們為什麼要對話？如何進行對話？對話要說些什麼？作者在《對話的力量》回答了這三個問題。這是一本讓我們與人對話，同時照見自己的好書。

● **康碧真**（台中市私立瑪歇爾幼稚園園長）

「對話」的「力量」，我曾經真切感受過，那是阿建老師與我的晤談。老師真誠平穩，且和諧專注的對應，讓我深刻感受自己被接納、被理解、被看重……也使我從談話中真正看見自己，慢慢懂得覺察一直被忽略的內在。至今仍感念老師曾給我許多力量。人要改變對話的慣性姿態及語態，著實不容易！但有改變的開始，關係就隨之轉變。此書將對話的重要，細膩地傳達並讓人易於理解，如能靜心細讀，就宛如遇見您生命中的貴人！

● **梁慧茵**（霧峰新弘明幼稚園園長）

在幼教專業成長的路上，從作者的講座，到心教讀書會的研學、體驗、自省與切磋，幼教伙伴們用一致性溝通，開啟了自利、利他的生命動力；但截斷慣性是這麼的艱辛，我們像駑鈍的練功者，跟著比劃的過程，在成長的歡欣中，總是伴隨著無數挫敗。欣見《對話的力量》一書問世，如獲武功祕笈，更見具體招式分解，無疑是大家學習「一致性溝通」的強大推力。

● **劉瑋芊**（Abby）（桃園市私立芃芃森林幼稚園儲備園長）

本書讓我了解，原來透過「好奇」以及關心「人」的方式與孩子對話，才能真正讓對話者「覺知」，並為自己的生命做出最明智的選擇。

● **王婉媚**（南投縣補教協會榮譽理事長、優蓓仕幼稚園園長）

細讀《對話的力量》這本書，不只了解自己，也同時了解別人，觸碰到我心底的悸動，感動得落淚！原來透過「人」的對話，在對話中探索，每天只要五分鐘互動，運用於工作場域與家庭，即能傳遞同理與同在的情感，充分與對方連結。

● **江進玉**（奧林匹克文教集團中國區總經理）

對話是一門心教的課程，既簡單又有深奧的藝術涵養，作者李崇建、甘耀明透過無數的講座與經驗，以顯而易懂的「對話力量」，轉化為改變孩子、改變自己，甚至於改變親朋好友，是一本充滿積極心、正向心與寬厚心的好書。

對話的力量

以一致性的溝通，化解內在冰山

• **林芸芷**（台北市石牌國中老師）

當我學會了對話，我和學生的橋樑終於被連接起來，看著學生的改變，我也數度紅了眼眶。

• **林佩芬**（台中市立大墩國中家長會副會長）

話，天天都說。對話，再平常不過，卻蘊藏著好大的學問。好品質的對話，更需要許多的自我覺察與智慧。感謝崇建、耀明從對話的實境中，引領我們找到「對話的力量」。

• **楊惠如**（台東市寶桑國中老師）

在這本書中，有品質的「對話」模式變得更簡單了，正向好奇的力量能夠幫助大家找回愛的連結！

• **王建正**（高雄市新上國小老師，榮獲一〇四年教育分芳錄、親子天下翻轉教師）

與阿建老師對話，才驚覺不曾好好對話。若您嚮往寧靜、一致的對話，邀您藉由此書走進對話的桃花源。

● **李秀美**（台中市北區立人國小校長）

對話是傾聽：傾聽自己，也傾聽對方的想法。對話是接納：接納自己，也接納對方……感謝這本書引領我們發現對話的力量，感受生命交流的靜好。

● **許扶堂**（彰化縣國教輔導團數學領域專任輔導員）

如果你問我《對話的力量》讓我感受最深的是什麼，三個字：「一致性」。身心取得「一致」，就能感受「自由」。好奇嗎？打開這本書，你才能體會什麼是「對話的力量」。

● **陳慶峰**（東港海事學校退休教官）

我以前曾從事過教育工作，但從來不知道本書作者。因緣際會下，從我太太那兒得知了一種不一樣的教育模式，經觀察學習後，我想這就是讓兩個人產生有互動的連結，進而引導出改變的契機，神奇的是往往改變的不只有一方。最後引用一句耳熟能詳的話：「我不認識你（老師），但我謝謝你（與我的連結）。」

對話的力量

以一致性的溝通，化解內在冰山

● **楊純凱**（台中市消防局教育訓練科科長）

專注和諧的對話，不僅使人有了覺察，更讓人願意為自己負責。本書不僅在親子溝通，甚至在任何職場上都很受用。

● **施信源**（新北市龍埔國小國際教育中心主任、FLGI Master Teacher）

透過本書，有幸與作者進行對話，讓我重新打開與孩子真心對話的關鍵，找回那份與孩子一起聽見彼此、聽見自己的感動！

● **董書攸**（高雄市教師職業工會理事長）

關心「人」是現今教育體制中失落的一塊，跟著《對話的力量》書中清晰寧靜的文字，用好奇的眼光看待所有事物，我們有了更多的體察、覺知，喚起深藏自身內在的豐富資源，進入生命本然的力量，感受「愛」的流淌，於是，我們開始「對話」……

● **蔡志豪**（雲林縣鎮東國小老師）

本書揭露了這時代的人們最需要的能力。在書裡，您會被作者強大的愛和諧（attunement）了；可當我們在生活中實踐時，還是會常不小心被對方共頻（attunement），如果此時您氣餒、灰心，請接受這樣的自己。再來讀第二遍吧！當我們體驗到愈多愛，將更能和諧專注。

● 駱以軍（作家）

對話的好奇、體驗與價值，原來可以這麼無傷、無虐，安靜如一隻華麗異獸走過彼此，留下的是心靈醇美，一種極致交流。

許童欣（豐東國中教師、台中市國文科輔導團輔導員）

進入加速的年代，若我們的對話模式還停留在「聽話」系統中，將會衍生諸多難以想像的問題，而從《麥田裡的老師》、《心教》到這本最新著作《對話的力量》，我們逐一了解以專注而和諧的態度，並且以語言訊息的真正內涵，與孩子展開正向而有力的對話，在型塑孩子的正向性格上，有多麼的重要！

推薦序——
對話，開啟心與心的交流

文◎葉丙成（台大電機系教授．翻轉教學名師）

「對話，開啟心與心的交流。」

我們許多當師長的人，都是打從心底為學生好、為孩子好。孩子做錯事了，我們想告訴他什麼才是對的；孩子有不好的行為，我們想告訴他什麼才是好的；孩子講錯話了，我們想告訴他什麼才是得體的。

作為大人的我們，總是想告訴孩子知道如何才能在這個世界活得更好。但是，往往效果很不好。我們苦口婆心的忠言，孩子們或是覺得逆耳、或是當作耳邊風。得不到共鳴，也得不到回應。這究竟是為什麼？

幾個月前，我邀請崇建來為「ＢＴＳ無界塾」實驗教育的教師團隊與家長做一場親職教育講座。我自己也在現場跟崇建學習。那一夜，許多家長跟老師，都深深的被震撼了。原來我們自以為的「對話」，並不能算是「對話」，那只能算是一廂情願、單方向的講大人自己想講的話。單方向講完了自己想講的話，充其量只是自我感覺良好的灌輸。孩子不會真的聽入心，也不會造成任何改變。

當天晚上整整三小時，崇建透過不同實際案例的分享，和現場的操作，大家才知道什麼叫做真正的「對話」；也才了解，真正的「對話」能生出多大力量改變一個人！

其中，最振聾發聵的，是崇建告訴老師跟家長：很多對話之所以失敗，是因為我們對話的姿態不對。要開啟真正的對話，對話雙方的姿態都應該是平等的。如果我們總是以「我要告訴你什麼才是對的」、「我要教你什麼才是好的」這樣的態度去面對別人，別人是聽不進去的。只有當老師、家長先願意不帶任何價值判斷的聽孩子說話，我們才有機會跟孩子建立起信任關係。有了信任關係，我們也才有機會真正開啟雙向溝通的通道；進而讓孩子敞開心胸說出心裡的結，我們也才有機會幫他解開心裡的結。

聽了崇建的課，很多老師跟家長才發現，即使一直以為自己很開明、很民

對話的力量

以一致性的溝通，化解內在冰山

主、很願意傾聽，但其實在話語之中已經不知不覺的把大人自己認同的價值植入。這些話語聽在孩子耳中，大人聽似開明，其實是譴責、其實是質疑。當孩子發現大人不是無條件傾聽時，孩子的心會封閉起來，信任關係也無法建立。對話，也就無以為繼了……

崇建對孩子的一句「怎麼了」，還有之後一句句話語，都是平平淡淡、樸實無奇。但非常神奇，孩子總會自然而然的把自己內心的感受揭露出來，也開始願意聽進崇建的話語。從外人的眼光看來，這好像魔法一般！但透過崇建的細心解說，大家才知道這一切都是源於那一句句看似平淡的話語：不帶價值判斷的，平等看待對方，讓對方感受到完全的被接納。於是孩子願意信任，願意開口，也願意聆聽了。

教書十餘載，我一直認為老師，是一個用「心」去影響另一顆「心」的工作。老師的心要能與孩子的心產生連結，才能夠有機會去引導孩子往好的方向前進。要建立這樣的連結，先要能建立「對話」。然而在過去的經驗，我發現教育現場真正能做到跟孩子對話的師長並不多。雖然有很多熱血師長都有著想幫助孩子的炙熱的心，但往往卻得不到任何孩子的共鳴跟回應。孩子不快樂，師長也不開心。

崇建和耀明所撰的這本《對話的力量》，對於想學會如何建立對話的讀者，真的非常重要。兩人以多年來輔導無數孩子的實際經驗，將其融合成書，告訴大家要怎麼樣才能跟別人建立對話。這樣基於實際經驗而寫的書，真的是一部非常難得的寶典。

不管是為人父母、為人師長、為人伴侶、為人同事，我認為都需要「對話的力量」。請好好珍惜、研讀這本好書！

前言——

以對話，還給生命本有的力量

文◎李崇建

二〇一六年開始，我構思著兩本書，關於「對話」與「閱讀」。

在這個資訊充斥、權威解構的年代，我發現甚多人不懂「對話」。無論是父母、教師、職場、銷售員、主管、員工……都需要透過對話聯繫彼此，甚至發展與整合創意，但是對話卻是一件困難的事。

因為成長背景之故，我的性格孤獨，很長一段時間，我不懂得對話，甚至覺得對話很累贅。我不僅疲於跟外人對話，我也不想跟家人對話，因為對話讓我感到痛苦。

我也有好的對話經驗。我曾在外商公司打工，當一位電話銷售員，全公司四十多位銷售員，我的業績全公司第一名，竟然兩倍於第二名業績。當時外商主管請我分享：銷售的祕訣為何？我其實懵懵懂懂，只知道要傾聽客戶意見，並且要真誠以對。

我雖然歸納抽象要素，回答了主管的問題，卻不知道如何掌握。因為對話時會有感覺，或者要有某種能量。當我學習薩提爾模式，逐漸了解對話的要素，再看一些銷售策略、談話的藝術、親子溝通的書籍，我突然完全理解了，然而有些書籍雖然暢銷，但是看了對我無用處，只是搔一點點癢處而已。因為對話的要素，並不是講究策略，而是一個觀念脈絡，也是一個真誠的心法。

我將對話的脈絡，運用於跟自我連結，跟親人對話，跟學生互動，班級經營管理，與家長、伙伴與朋友談話，深覺對話脈絡奧妙無比。我將對話整理成教育書，先後出版了《麥田裡的老師》與《心教》兩本書。不少教師與家長，向我回饋這兩本書，學習不少溝通方法。

我也不斷被詢問：如何解決教養、教育上的問題？我卻驚覺原來眾人都希望解決問題！而不是預防問題的發生，或者改變慣性的對話模式。殊不知問題的產生，來自於舊有的慣性模式。

對話的力量

以一致性的溝通，化解內在冰山

我認為人應該都有「普通對話」的能力，彼此傾聽與分享，進而懂得如何「深刻對話」，在對話中彼此感到「深刻」、「療癒」或者「有啟發」，那麼在討論彼此觀點、期待與行為時，方能懂得表達與接納。若無一點兒深刻對話的能力，往往討論常陷入對立，這是目前社會常見的現象。當有了「討論的能力」，進入「面對問題」的對話，也就比較易入手了。而薩提爾模式的「冰山對話」，則是深入人心內在，具有轉化的談話方式。

因此我構思「對話脈絡」，並且推廣「對話的力量」，不少家長、教師、職場主管，甚至銷售員都稱「對話」不可思議，因為對話不是「策略」，而是一個本然的脈絡。

好友甘耀明對我甚支持，答應與我共同書寫《對話的力量》與《閱讀深動力》，不只讓我更易完成，讓我的書多了美麗的素質，也補足了《麥田裡的老師》與《心教》的教育觀念。我與耀明相識近三十年，一同讀大學，一同教書，一同創辦寫作班，也一同寫小說，十四年前更共同寫《沒有圍牆的學校》，如今再次合作寫書，不僅更多默契存在，彼此也有更多對話，甚至也有深刻的對話，乃覺得此書是一個禮物，也期待此書是更多人的禮物。

感謝

這兩本書從發想至完成，需要感謝下列人：

感謝新加坡卓壬午先生，最初求教我如何「對話」，能夠更有品質與意義，我因此開始思索對話的脈絡。

感謝新加坡耕讀園陳君寶先生，他舉辦了數場對話與閱讀講座，讓我有機會整理脈絡，更清晰對話如何表現。

感謝我的摯友甘耀明，願意與我一起完成此書，若不是他的協助，將更順暢的語言，更有結構的表現，更準確生動的表達，這兩本書不會如此呈現。

感謝張輝誠老師為首的學思達伙伴，還有背後支持學思達的教師與企業家，將薩提爾模式對話，帶入學思達社群，讓我有機會藉此深化對話脈絡。

感謝所有關心教育的伙伴……

——李崇建

《對話的力量》

目錄

媽媽電子鐘

孩子賴床，怎樣都叫不起來，父母怎麼辦？

孩子賴床，不只是孩子自身的痛苦，也是父母的痛苦。

我就有類似的經驗。猶記得童年時，每到清晨上學之際，我像是被黏鼠板黏在床上，萬般不肯起床。爸爸多次呼喚我無效，終於按捺不住，用上丹田與喉嚨的軍號式叫法：「阿・建・呀，給我馬上起床，別再賴床了。」

何止我這樣，整條巷子都是如此。父母用盡各種腔調，叫孩子起床的聲音不絕於耳，賴床往往是父母與孩子的清晨小戰爭。說不定，也是這一天各種衝突的導火線，不是嗎？

我回想自己的學生時代，從國小就很難叫起床，因為抗拒上學，我不喜歡學校的課業、教室與氣氛。所以無論爸爸如何喊我起床，我都是拖拖拉拉，年復一年，日復一日的如此，直到三十歲以後，我的工作很自由，身心投入其中，我再也不需要一再的被叫喚了。

當時我的賴床情況，任何人教訓我、指責我、提醒我，可能都沒有用，因為我的內在有壓力，這壓力的應對成了慣性，於是我慣性的起不了床。爸爸也是慣性對我責罵，問題永遠不會改變。

時至今日，面對孩子賴床，我自有想法了。

萬般皆不願意起床

俊彥的媽媽來找我，一肚子的委屈化成淚水，見面才三句話，眼淚如水龍頭開啟，嘩啦啦流個不停，哭訴著孩子很難教養，真不知道該怎麼辦！這位媽媽的難處是：早晨很難叫兒子起床上學，每天都像打一場艱難的戰爭。

我正聽著媽媽訴苦，十五歲的俊彥突然進來了。俊彥聽見媽媽的抱怨，很不耐煩的說：「妳很吵乀……」

對話的力量

以一致性的溝通，化解內在冰山

媽媽回了兩句，母子倆的戰爭於焉展開，話題仍舊是起床上學，只是換了個吵架的場所，彷彿這場沒完沒了的戰爭，隨時隨地都可開戰。

我寧靜的看著這場戰爭，不插手也不插話，在烽火停歇之際才介入，問俊彥怎麼啦？

他說：「還不是我媽，每天早晨在那裡叫叫叫，吵死人了。」

媽媽忍不住回應：「誰叫你早晨都不起床！」

「哪有……」俊彥一副又要作戰的防備姿態。

我將話題接了過來，和俊彥展開了以下的一場對話。

「俊彥……你很生氣呀！」

「對呀！」

「生誰的氣呀？」我以寧靜緩慢的語言進行。

「還有誰？當然是生我媽的氣呀！」

「因為她早晨叫你起床嗎？」我重複了語言，核對了他生氣的訊息。

「對呀！吵死了！」

「嗯！那你怎麼辦？」

「沒辦法呀！講不聽呀！」

媽媽這時候忍不住插話：「你才講不聽……」

是呀！當大人一味要孩子聽話，當孩子長大了，也會要別人「聽話」，眼前母子都要對方聽話。「聽話」的教育歷史悠久，在二十一世紀的今天，已經進入加速的年代，許多「聽話觀念」的弊病不斷衍生，但父母甚少自覺。

我示意媽媽交給我對話吧！請她靜待一旁即可。接著我轉頭對俊彥，進一步的探索與核對：

「你後來有起床嗎？」

「有呀！」俊彥無奈的表示。

「有去上學嗎？」

「有啊！」

「俊彥呀！你喜歡上學嗎？」

「當然不喜歡呀！」俊彥仍舊很無奈。

「那你怎麼還去上學呀？」我從這點切入，是一個正向的好奇。

「沒辦法呀！我要考高職餐飲科，不去上學沒有畢業證書呀！」俊彥說得倒是很坦白。

「俊彥呀！你還滿負責任的嘛！不喜歡上學，但是為了上高職餐飲科，你還願意起床上學呀？」問話聚焦在他的資源，這是正向的好奇。

「對呀！不然要怎麼辦？」俊彥聳聳肩。

雖然俊彥那麼說，但我覺得他仍舊很努力。

「嗯！我很好奇一件事！」

「什麼事？」

「你喜歡媽媽叫你起床嗎？」

「廢話！當然不喜歡哪！誰喜歡呀？」

「是嗎？我以為你喜歡呢？」

「怎麼可能？我才沒那麼白痴咧！」

「我以為你和我一樣！」

「你是怎樣？」

「我若是早晨六點鐘起床，鬧鐘都設定五點半！」

「為什麼？」

「這樣最後睡的半小時，比較有感覺呀！鬧鐘每十分鐘響一次！」我認真的陳述這一段。

「你神經病喔！」俊彥將我當朋友，說話很直接，或許無禮了些，但是我並未不舒服，他生活中的口語，也許不大恰當，但我不會在此時糾正他。

「你不是跟我一樣嗎？所以才讓媽媽一直叫你？」**我的疑問，是帶著幽默感，對問題的好奇與覺知。**

「當然不一樣呀！我根本不喜歡呀！」俊彥忙著解釋。

「那我不明白了……」這是問話中的轉折，也的確是我好奇之處。

「怎麼了？你不明白什麼？」俊彥對我的疑問，充滿好奇。

「你不是都有起床上學嗎？因為你很負責的想要升學，即使你不喜歡上學。不過，你不喜歡媽媽叫你？那你怎麼不跟媽媽說，你幾點一定起床就好了啊？怎麼會讓媽媽一直叫你呢！你是怎麼將日子過成這樣子呀？我還以為你喜歡呢？」

我的問話很真誠，而不是故意讓他難堪。俊彥被我這麼一問，陷入了沉思。接下來，我們有零星的對話，十五分鐘的談話之後，俊彥回家了。

這場對話最重要的片段，我呈現出來了。我和俊彥，最後沒有針對問題作結論，我沒有給任何答案，他也沒有對起床有任何的承諾。我和俊彥的對話，只是透過正向引導，幫助俊彥有所覺知而已，覺知自己的處境，覺知自己的負責，覺知這樣的日子可以如何過？這常是我引導孩子的第一步，讓他們意識問題，為自己負責任。

孩子願意負責了

兩個星期後……

「阿建老師，你真是神呀！自從那次你和俊彥談完話，他這兩個禮拜都沒有賴床！」俊彥的媽媽來電了，很開心的跟我分享。

我輕描淡寫的說：「我不是神，是因為我和孩子對話，他比較容易有覺知。」

「到底覺知是什麼？這麼有魔力。」

什麼是覺知？這樣說好了：通常指責、討好、說理與打岔，往往讓孩子創造新的情緒，情緒於內在翻滾，還要應付外在世界，哪裡有機會覺知，去看見自己的問題？我的談話之中，以好奇引導孩子，讓他慢慢看見，他如何面對問題？面對困難的情境？逐漸意識到自己的責任，**意識到自己所選擇的方式，是不是他真正想要的？**這就是一種覺知的對話。

俊彥媽媽並不了解我的意思，只是笑笑說：「阿建老師，他比較聽你的話啦！」

我試圖讓媽媽理解，我只是和孩子對話而已，「我沒讓他聽話啦！我只是讓他覺知而已。」

媽媽困惑的說：「可是你說的那些話，我都對他說過呀！一模一樣的內容呀！但是他都聽不進去。」

媽媽沒搞懂我的對話。我和俊彥的對話，並未讓他要遵從我的話，我沒有一句話是教訓、命令或者諷刺，都只是好奇他的選擇與處境而已。但是一般人不知道對話的意義，以為對話就是「聽話」呢！

有這麼一句話，我在網路上看見：「每天叫我起床的是夢想，不是鬧鐘。」說夢想也許不切實際，我認為喚醒他的是：**他可以有這樣的選擇。**

對話最重要的部分，是喚醒俊彥體內的資源，為自己負責的部分，那應是最接近夢想的方程式，而不是吵吵嚷嚷的鬧鐘。

對話的精神

上篇文章中，我與俊彥只有一次對話，使他的賴床有了改善。這樣的例子並非只有俊彥改變，不少人都是這樣。到底是什麼，到底有什麼，到底為什麼，在人們對話之際產生了，使對方有了覺察，為此我在這章有較深入說明，並適時的舉證說明。讀者掌握了對話精神，便能了解運用對話，在這個新的時代是最重要的應對觀念，也是最基礎、最好的教養觀念。

好奇，是我對話的基本要素，當我面對俊彥時，多半都是好奇。我好奇他怎樣思考與行動？這有助於我了解他，也有助於他了解自己。我探索俊彥，思索他如何應對母親？這是他想要的結果嗎？我好奇他的行為，也釐清他想要的生活，讓他為自己負責，而不是成為一名受害者。

我這樣的行為，有點像實踐「對話中的人類學家」。植物學家觀察一株攀藤植物，氣象家觀察天際的雲象變化，動物學家追蹤一隻黑熊的足跡，他們不也是從好奇出發，進而解開生命的價值。人類學家透過系統的觀察研究，了解人類行為背後的意涵，不論身在十九世紀的非洲大陸原始部落，或身在當今最繁忙的東京街頭，人類學家以好奇來凝視世界；而我以系統的對話精神，不帶著主見，只是好奇與觀察對方，有助於了解他人，也有助於他人了解自我。

一般人的對話，常常卡在情緒裡，雙方以情緒對抗，談不上彼此了解了。因為忽略了對話的精神，未覺察要先妥善自己的情緒，而且以單向的灌輸、命令、指責、解釋、說教、迂迴，甚至運用策略說服，這都不是對話，因為對話是雙向的。

俊彥的媽媽很盡責，也很委屈，她要俊彥起床，改善他的賴床，以符合自己期待。媽媽早晨的叫喚，一直延續到日常中，成了固定的互動模式，卻從未想過要和俊彥對話，只是希望兒子聽話。這些理所當然的慣性，喪失了好奇，好奇俊彥怎麼想？需要什麼樣的幫忙？討論俊彥遇到什麼困難？兩人陷入無助慣性的循環。

至此，媽媽的說話有了情緒，只有單向的說話，充滿焦慮，語氣令人不耐，變成了指責與說教者，母子便不斷「針鋒相對」的吵架。

對話是教養的基礎

人的成長，建立在先天條件與後天環境。一位孩子樣貌、體格，是先天條件的基因所致。後天環境來自父母的應對，應對的關鍵都是態度。先天條件有其優勢，但是父母塑造的後天環境，更是決定了孩子的發展，不容小覷。

英國有句諺語：「父母對孩子的態度，決定他的命運。」

什麼樣的應對才是良好的態度，決定了孩子命運？我的答案是：**專注和諧與孩子對話，孩子通常顯得寧靜專注。**當父母專注和諧，孩子也就專注和諧了。這種互動方式，心理學家稱之為：「attunement」。

「Attunement」的現象，心理學界曾借用物理現象解釋，可用某實驗說明：將數個節拍器攪動，以各自的頻率擺動，一段時間之後，數個節拍器都同步，一致的擺盪，發出相同的聲調。將鐘擺放置一起，也有同樣的狀況。

自然界蟬的鳴叫、青蛙的共鳴，都有「attunement」的現象，同步成協調一致的節奏。人與人之間也有這個現象，比如女性同胞，姊妹淘經常相處，生理期常常一起報到。

因此，在教養環境，父母與教師所展現的態度，正是給孩子最初的示範。若是師長寧靜專注，孩子接收我們的頻率，易養成寧靜專注，這就是孩子與父母

attunement，同步化了。

專注和諧的對話，可以在兩個層次檢視，**一則是非語言訊息**，我曾以薩提爾模式說明，在《心教》與《麥田裡的老師》列舉肢體姿態、說話語態，以及停頓的重要性，和諧應對會為孩子帶來深遠影響。另一個層次就是本書著墨，如何在**語言訊息的內涵**，能與孩子有和諧的對話。我認為這是教養的基礎，也是這個時代的教養最需要注意的部分。

當你跟浮躁的人相處，你輕易就浮躁了；跟憤怒的人相處，你容易憤怒或者害怕。如果跟寧靜和諧的人相處，你則進入相同頻率，浸潤在一致的氣氛。這正是心理學的「attunement」作用。所以，當父母語氣怒飆，只是想控制孩子，孩子也學會這樣控制他人。探索這些有情緒問題的孩子，追溯其家庭的應對，發現父母常對孩子嚴厲，語態裡不自覺流露憤怒。

嚴厲的教養方式，在當今繽紛加速的年代，易引起孩子的反彈。且父母常以情緒控制孩子，當孩子日漸長大，有能力反抗，也會以情緒控制反饋大人，這就是態度的影響。

有的孩子在外頭畏縮，在家裡面比較調皮，也常是被嚴格態度對待所致。相反的狀況，孩子若經常被寵溺，一味的被不當稱讚，不能面對失敗與失落，抗壓性不足，這也來自父母管教的態度。

二〇一四年底，我去南京講座，有位新加坡母親詢問，如何才能挽救母女之間的關係，她與女兒爭吵不可開交，女兒情緒總是失控。我教了這位母親如何以專注與和諧的應對，面對女兒狀況。二〇一六年，我再次遇見她；她與我分享母女關係，女兒不僅情緒穩定，且各方面表現都令人滿意。

我問新加坡母親，女兒如何改變的呢？

她給我兩個字：「談話！」

我猜這位母親，應該在談話中，已懂得如何運用了和諧對話使然。

對話的目的

在《心教》與《麥田裡的老師》兩書，我列舉甚多的實例對話，整理出各步驟的Tips，俾使有心的讀者了解；此外又從薩提爾的冰山模式，萃取出簡易的脈絡，足供讀者入門。上述兩本書中的個案，呈現了快速導正孩子的結果，事後我收到很多讀者回饋：「書中介紹的方法很好用！」

讀者的回饋讓我憂喜參半，喜的是讀者認真學習，覺察與改變以往的慣性應對。我憂心的則是，深怕讀者誤解，如果照這樣對話的方式做，就一定能達到父母的期望。

比如，我經常在課堂上，應對「過動症」症狀（ＡＤＨＤ）的孩子。ＡＤＨＤ若在班級吵鬧，我會以穩定的語態，執行班級的規則。我回饋之際，請他站起來聆聽，能使ＡＤＨＤ專注的面對我。在這樣的狀況下，百分之九十五的ＡＤＨＤ會站起來，即使不站起來的孩子，只要姿態與語態專注和諧，表達教師的訊息，切入孩子的感受，連結孩子的渴望，正向的好奇孩子。如此，ＡＤＨＤ幾乎都能在班上穩定下來。

面對班上吵鬧的孩子，我通常會關心他們無法專注下來，是否是我的教學無趣。然而問題來了，假設被喚起來的孩子，誠實的說了這句話：「老師，你上的課很無聊……」

面對此，請問老師，接下來如何跟孩子對話？

這樣的問題，不單出現在課堂，也可能出現在日常生活應對中，出現在各種人際場合。在回答這個問題之前，必須問問老師，聽了這句話的感覺，「內心受傷了嗎？」「心中有生氣嗎？」「會覺得委屈嗎？」

若是老師心中有這些感覺，如何處理這些感覺呢？若未處理這些感覺，老師接

對話的力量

以一致性的溝通，化解內在冰山

下來的回應語言，能否真誠和孩子對話呢？是否會流於自責、指責、應付，或者因討好，而陷入父子騎驢窘境？

若無法處理這些感覺，有沒有一些基礎對話，能夠逐漸緩和這些感覺，不讓內在被這些感覺控制呢？

對話是教養的基礎，但是對話的目的，並非滿足父母或師長的期待，那只是換個方式，令孩子聽話而已。我認為教養不是策略，而是真誠的互動，**當人們真心對話，事情就變得簡單許多，這是我多年來的體悟。**

我也發現，人們追求的理想價值是同樣的，即便父母與孩子在情緒對立，但是兩方的渴望一致，因為沒有人想墮落，沒有人想要人生糟糕。從俊彥的對話例子來看，他與母親的期待並未衝突，希望自己去上學，順利畢業，升上高中。但是母親太執著於期待，而且態度不和諧，在對話中忽略了解俊彥。俊彥為此讓自己活在掙扎中，將力氣花在和母親對抗，而沒有機會覺察自我。

因此，對話不是命令、說服，或者說理，不是一味執著意圖，不是如何讓對方滿足自己的期待，這樣的話會使對話充滿情緒。對話的目的，在於坦誠的認識自我，也能夠了解對方，讓雙方的內在更加連結了。

不對話的結果

在俊彥賴床的例子裡。起初，母子是「上對下」的應對，孩子只是學會順服或壓抑，若是壓抑太久了，一旦情緒爆發就叛逆了，這時媽媽期待俊彥「聽話」，孩子往往也會要大人「聽話」，期望媽媽不要再喊了！

父母們往往困惑，自己常和孩子對話呀！怎麼說沒有對話呢？檢視家庭中的對話，父母最常跟孩子說的話，往往都不是對話，諸如：

「快點，快點。」

「還不趕快寫功課？」

「不要再拖拖拉拉。」

「趕快去洗澡。」

「你再講不聽……」

這些都不是對話，而是要孩子聽話。有時候孩子說出自己的意見，表達生活上的看法，換來的並不是雙向交流的對話，而是家長單一的責罵、期待，以及不耐煩。長此以往，孩子不想表達了。

比如，當孩子說：「這個東西好難吃……」

對話的力量

以一致性的溝通，化解內在冰山

這句話常出現在餐桌上，孩子表達了對食物的看法，我卻常聽見大人的回應：「你命太好了，我們以前⋯⋯」「你吃撐了是吧！」「不想吃你就不要吃⋯⋯」「挑三揀四的，你真難伺候⋯⋯」

又比如，當孩子說：「我不想寫作業⋯⋯」

孩子不想寫功課，隱藏了不少訊息，這是開啟對話的契機，不料大人的回應可能是：「你不寫作業，就別想玩玩具⋯⋯」「你不想寫作業，那你想幹嘛？」「一點點作業都寫不完⋯⋯」

自孩童開始，父母應常和他們對話，讓孩子懂得表達、溝通與討論，懂得和諧專注的應對。但是，我看到生活中，多數的親子互動，大人的回應，常不是雙向對話，只是想責備、說教，或者忽略孩子的意見。大人會這麼做，可能囿於自身的忙碌、事業壓力或私人情緒，無法多關照孩子；或大人自小在權威教條下的環境成長，之後也用這樣方式與孩子應對，等等。

凡此種種，孩子長期接受這樣的應對，會變成什麼樣的人呢？當他成長到某個階段，尤其是國、高中生階段，也會乖乖「聽話」嗎？

有些父母常說，不了解孩子。但觀察父母的對話，他們不是想了解孩子，只是希望孩子乖乖順從，照著父母的意思罷了。尤其在青少年時期，「家長不了解孩子」的狀況頻頻出現，以往順從的幼童，成長到這階段，有了能量，出現了各種對抗家長的方式。

有一個媽媽來電，向我抱怨孩子沉迷網路，都已經十六歲了，也不想好好讀書，該怎麼辦才好？

孩子若沉迷於網路，顯示的就是：家庭中幾乎甚少對話。舊年代家中即使無對話，孩子的叛逆也較少，除了家長威權勢力仍大，孩子也可以逃避到大自然，逃避到書籍之中，逃避到伙伴群體裡。而今世界面貌大變，３Ｃ產品抓住人性，人們易遁逃進入３Ｃ世界，而不是運用或控制３Ｃ產品。

我常常看見幾個畫面：父母帶著幼兒外出，父母也許在談話，也許在做其他的事，孩子覺得無聊了，在一旁鬧著呢！家長「不堪其擾」，拿出手機或平板給孩子遊戲。孩子便乖乖安靜了。

孩子生來就是需要陪伴，這是父母應有的認知。當孩子無人陪伴，無人對話連結，就會吵吵鬧鬧。大人不想陪伴孩子，不想與孩子對話，只能以電腦代勞陪伴孩子。日後，在孩子成長過程，要是愈來愈欠缺家長的對話，他們到青少年時期，往往將重心放在網路遊戲，一去不復返，就此沉迷下去了。

對話的力量

以一致性的溝通，化解內在冰山

有的父母挺無奈，他們從未讓電腦陪伴孩子呀？但是，事出同因，由於家庭欠缺對話，家長往往只要孩子聽訓、順從。最後，孩子選擇電腦遊戲成了他們慣性解悶的「良伴」，在煩躁、無聊時，常相左右的「伙伴」，而不是從電腦中學會運用，運用電腦功能，也運用自己的時間。

父母的日常對話，若經常使用命令語句，孩子自然不想聆聽，遁入電腦與網路對話，才不會有人指責、命令他。自此，網路朋友成了他們的同溫層，遊戲是他們取暖的安全地帶。這結果，絕對不是家長樂見的。

同樣的例子也是：十六歲女孩的媽媽，很無奈的說，自己對女兒說道理，但是女兒都不想聽呀！

說道理也不是對話呀！說道理也是讓孩子聽話，聽從大人認定的道理，不是嗎？所以說理的大人，常會對孩子說：「我在說，你都沒在聽。」

想像自己遇見一個人，每天指責你，你想要和那個人連結嗎？

想像自己遇見一個人，每天命令你，你想要和那個人連結嗎？

想像自己遇見一個人，每天說道理，你想要和那個人連結嗎？

孩子自然跑去找電腦對話，或者到外頭交朋友，或沉溺在次文化潮流，又怎麼想和父母連結呢？

同樣案例，不少資優生亦是如此。這些資優生從小表現秀異，在眾人的期待中成長，認真讀書，獲得好名次，備受大家期待。在兢兢業業的學習中，有些資優生從成績得到肯定的價值，暫時沒問題；一旦他們有了挫敗感，生命急於尋找能量的出口，經常沉迷網路世界，陷溺無法自拔。

探索背後原因，那是資優生過去為了功課，鮮少與家人日常分享，話題都鎖定在成績，並沒有建立支援性的對話。他們學業的優勢在受挫後，內在無忍受挫敗的能力，外在也沒有與家人建立健康對話，狀況就甚難轉圜。**偏偏建立健康對話的基礎，要先拋開成績議題，也要先拋開沉迷網路議題，從分享與互動開始。家長欠缺這談話認知，常常不知如何是好，無從處理孩子的問題。**

難道孩子不懂道理，不能告訴他們嗎？告訴他們沉溺網路，會影響視力與健康；告訴他們成績跌落，不要在意，再接再厲。這些道理，孩子都懂，這就像我們都懂了菸盒警語、酗酒傷身，以及投資風險有賺有賠的道理。如果父母不先梳理孩子的感受，而是以明講或暗渡道理，要孩子聽話，問題終究解決不了。

道理的傳遞途徑，類似智慧傳遞，除了套裝的給予——也就是「我說你聽」的模式之外，還有**透過體驗性的理解，透過好奇打開視野，或者從日常對話到閱讀，都有如此的認知。**尤以體驗性的理解，最好的方式是透過對話，深刻體驗自己的內在，成效不錯。

對話是看見豐富

新時代來臨了，與過去權威年代區別甚大，尤其是多元觀點、多元價值的紛呈。但是，新時代來得太迅速，多元觀點被掛在口頭上，其實沒有深入人心，假性接受而不自覺。當我們頭腦植入多元的概念，內在根深柢固的仍是舊慣性，就會產生困惑與衝突。

不同觀點的人，不同價值的人，如何表達自己？也懂得好奇自己嗎？

不同觀點的人，如何傾聽他人？好奇他人？且回應他人？而不是如威權的年代，只有服從或對立呢！

又如何共同談一件事？或者決定一件事呢？

以上都是身處現代社會的課題。

從權威年代的習慣觀看世界，往往只有二元觀點，對／錯、好／壞、善／惡等等，涇渭分明，而忽略了任何一個事件，都有豐富的資源蘊藏，端看人們如何啟發，這成了我看待教育的方向，也是對話裡最應掌握的脈絡。但是，一般對話模式，內在早已有了對立看法，然後執行「對立的談話」：演變成權高位尊的人就獲勝、有權力的人比較大聲、有權謀的人比較有力量；或者不自覺的，為了說服對方，而流於純粹的爭辯。或許，這是我們從權威的架構長大，影響力根植在內心裡，體內不是流著服從的血液，就是叛逆的精神，使得彼此的對話姿態也會這樣。

比如俊彥賴床的例子，要是見他賴床，就要糾正他的習慣，便會忽略了他的正向資源：他知道自己想升學、負責任的上學、還是起床了。這些資源都是透過對話，逐漸被覺知與認真看待，我才有機會看到。當我們解構了爭執，不再彼此傷害了，不再為情緒控制，俊彥才有機會看到自己，決定自己。

我舉一個簡單對話，是如何透過對話，來顯現豐富的眼光。

二〇一六年三月的新加坡，一位媽媽帶著小二生來見我。

媽媽告訴我，小二男生古萊在學校很淘氣，經常和同學吵鬧。老師認為古萊有問題，也管不住他了，將他的位置調到角落，與所有學生區隔開來。

古萊的媽媽是老師，對此感到非常無奈，卻也無可奈何。媽媽提供了諸多訊息：古萊有亞斯伯格症狀，說話時的眼睛不會注視人；古萊還有ＡＤＨＤ，沒辦法安靜坐好；古萊很難溝通，特別不聽話。

對話的力量

以一致性的溝通，化解內在冰山

媽媽要我瞧一瞧古萊，跟古萊談幾句話，看他可以怎麼教導。

古萊是可愛的孩子，見我時的眼神並未閃躲，多半時間是注視我。這讓媽媽與現場教師很驚奇，因為這顛覆了她們「古萊無法注視人」的成見。

對於古萊能注視我，專注的與我說話，我的詮釋是：我專注且和諧。我的肢體和諧，語態平穩寧靜，對話懂得停頓。漸漸的，古萊與我調諧（attunement）了。一般人與古萊對話，可能急於要古萊專注，要古萊好好的坐著，要古萊不要亂動，無非是在對話背後帶著目的，最後師長與古萊共頻（attunement）了，不是古萊與師長和諧（attunement）了。

古萊雖然注視著我，但是神情是緊張的，雙手不斷搓揉著。

我問古萊：「怎麼會來見我呢？」

古萊只是搖搖頭，表示不知道，因為是媽媽帶他來的。

我見古萊的雙手搓著，便關心他：「怎麼啦？」

古萊沒說話，似乎不知道怎麼回答。

「我看見你的手很用力搓著，發生什麼事了嗎？」

古萊仍舊搖搖頭。

「你會緊張嗎？……還是害怕呢？」我想確認。

古萊點了兩次頭。

「你緊張、害怕，是因為怕我嗎？」

古萊再次點點頭。

「你和其他老師見面時，也會緊張、害怕嗎？」

古萊仍舊點頭。

「你怕他們會罵你嗎？」

古萊還是點點頭。

「你也怕我罵你嗎？」

古萊很誠實的再次點頭。

我藉此了解，古萊現場的反應，還有內在狀態，是擔心我指責他。這是我透過對話，並且和孩子核對我所見到的狀況。一般人面對古萊，可能直接說教，或者要孩子別緊張、放輕鬆，這樣的對話，孩子並不會因此放輕鬆，反而緊張的感覺竄流著。

我探索古萊的狀態，知道他來見我，是緊張害怕的。此刻，我要解除他的擔憂，「我不會罵你，你相信嗎？」

古萊是個天真的孩子，他點點頭表示相信了。

「謝謝你……我們第一次見面，你就願意相信我了。」我給予他回饋。

古萊漸漸的放鬆了，和我聊著學校的種種，他說上課被安排在角落，感覺很生氣、難過，以及孤單。他不知道自己為何被排在角落?他說話時的眼神仍舊注視著我。媽媽說，這是很少見的狀況。一旁的作文老師，也很驚訝古萊的專注對話。

我在《心教》一書中，以極大的篇幅詮釋了三個「非語言訊息」：**對話的姿態、語態與停頓**，這是從薩提爾的應對姿態整理而來。當我將「非語言訊息」內化於對話過程，不只自己專注，對方也能專注談話，這是引導孩子「和諧對話」的一部分，亦即讓孩子跟我attunement了。

關於古萊被安排在教室角落，我跟他對話：「古萊，老師把你的位置安排在角落呀？」

古萊點點頭。

「老師怎麼會這樣安排呢？」

古萊搖搖頭說：「不知道……」

古萊的媽媽已經提過，古萊太調皮了，影響班級的秩序，才會被老師「發配邊疆」。我將此訊息和古萊核對：「你在課堂上有調皮嗎？」

古萊搖搖頭。

「你和同學有吵鬧嗎？」

古萊再次搖搖頭。

什麼是二元對立的觀點呢？若是我先認定古萊調皮，認定古萊會吵鬧，認定他怎麼會不知道自己被安排至角落的原因，那麼我的對話，在語態上可能會急切，語言的內容會咄咄逼人，比如會說出：「你真的不知道嗎？」「那老師怎麼會把你安排在角落？」「你真的沒有吵鬧嗎？」等等。

若是我觀點上已經褊狹，古萊能感覺出來，他內在會衍生憤怒、沮喪，那麼古萊不會想回應我了。而且，我認為古萊並不知道，自己的行為已造成困擾。他面對教師的慣性指責與說理，並不覺知自己犯錯了。但是教師並非故意如此，只是慣性應對容易惹怒彼此，沒有機會澄清與覺察，也就失去豐富的眼光看待孩子了。

我與古萊的對話，進行了十餘分鐘。我謝謝他的專注，謝謝他的信任，也謝謝他的願意。我請他自由活動，我要與他母親對話。

古萊點頭，到旁邊去了。我轉向母親談話，聽她說明古萊的成長過程。母親表示自己會打古萊，也經常訓斥古萊，因為孩子講不聽，再加上自己的婚姻與工作，都遇到了瓶頸。

我常從教養的對話，談到父母自身的狀況。父母不懂得照顧自己，又如何能照顧孩子呢?古萊這個孩子,若能和諧以對,他很專注安靜呀!當我和母親對話時,古萊在教室裡面看著,看看牆壁上的畫,看看桌子上的東西。我感覺古萊這孩子,即使孤單無聊,他也不吵不鬧呀!

我請母親照顧自己之餘,不要打罵他,愈打罵古萊,愈得到反效果。我有感而發的稱讚古萊,此刻他多麼安靜的自處。若是其他孩子,可能不斷吵鬧著,或者要求玩手機。但是古萊完全不吵鬧,在一旁安靜的存在著。

古萊聽見我的稱讚了,轉過頭說:「因為我是童子軍。」

我向古萊確認這句話,怎麼會在這時迸出來呢?古萊解釋自己是童子軍,所以懂得守紀律,懂得尊重他人。

聽他這樣說,我非常感動了。那位被排擠到教室角落的孩子,那位在課堂被視為無理取鬧的孩子,現在以童子軍自豪,強調懂紀律,安靜待著,迥異於在教室的狀況。這不就說明了,當我們願意用豐富的眼光,和諧應對,去探索孩子內在的資源,便能開發更多珍貴的寶藏。

因此從對話中,以豐富的眼光看待孩子,是多重要的一件事呀!

對話需要真誠

當孩子上課跳動不安，教師要求安靜。但是孩子卻回答：「老師，你上的課很無聊……」

我前面提及，師長面對學生這樣的應對，是否能覺知自己內在的傷？受傷與否，使得回應孩子的態度、語言都會不同。然而，孩子回應的意見，教師能否真誠應對？能否感受自己內在的衝擊？

我會這樣問，自然是能體會教師們的感受。畢竟，發自真誠的覺知，對於成長自權威年代的人，並不是一件容易的事，因為我就是走過權威時代的人，眼見價值的錯亂。

二〇一六年，某位明星考試作弊，教育界的某前輩藉此為文，緬懷過去美好的年代。其實我並不完全同意。我常開玩笑談論，台灣過去的權威年代，教師帶著我們作弊呢！帶著我們領頭說謊呢！

這樣的言論說出來，的確讓很多人震驚，認為我危言聳聽，胡說八道的成分居多，但是我有親身的經歷與感受。我出生於一九六〇年代的台灣，還是戒嚴的年代。我國小之際，出於教育單位的禁令，規定學校禁止使用參考書。但是我們的老師，每學期初都要求我們購買參考書。

我不明白，為何不能買參考書？也不明白，為何要買參考書？

假如教育部規定不能使用，為何老師要我們購買呢？既然買了，這算不算是某種形式的作弊，或者某種形式的說謊呢？

最精彩的橋段，是督學來學校視察。督學才跨進校長室，隔壁教室的老師看到了，馬上派幾位腿力好的學生去跑腿。他們沿著各年級教室的玻璃窗敲，小聲說督學來了。這叫通風報信。

接下來，全校出現小地震般，學生把抽屜的參考書拿出來。由教師帶領學生們，將參考書藏匿起來，有的藏在木質講台下的空間，有的藏在掃地用具間，有的藏在垃圾桶底層，連牆上的國父遺照都發出神祕微笑，絕對跟他後頭藏了一本參考書有關。有一次，我換了新教室，沒有木質講台了，督學突然來視察，導師趕緊風風火火的收參考書，運送至學校附近的同學家藏匿。

我幼小的心靈，除了感到害怕、好玩，也感到不可思議。我害怕的是，擔心參考書被查到；我又覺得師生一起幹壞事，同舟共濟「隱瞞」的感覺甚好玩。但是我自問，這是不是說謊？

沒有人給我解答，我也不敢求教於老師。

更有趣的是，隔壁班轉來一位新同學，據說其父親是督學，大家都對他尊敬三分，連教師也是。某天我們班際大隊接力，我靠近他身邊詢問，「你爸爸是督學嗎？」

該生驕傲的點點頭。

我問他一個困難的問題：「你爸爸知道我們使用參考書嗎？」

他很嫌惡的瞪著我，語氣很不高興，要我別煩他！

關於這個問題，常一世糊塗的我，那一刻卻有無比肯定的感覺，心想：「他爸爸一定知道！要不然他得自己掏錢，去買參考書。」天呀！如今我想到這兒，覺得督學的兒子應該會精神分裂吧！他生活在一個「要你不要說謊，卻又明明在說謊」的世界。

一九八二年，我就讀高中，類似的事件仍舊上演，只是換了形式而已。

我高一的英文老師，即將赴他校教書了。這位老師治學嚴謹，管教學生也很嚴厲，常訓勉我們要認真，要誠誠實實做人。他要離開學校了，捨不得我們這些孩子們，敦請我們寫一篇心得，給他的教學一些回饋，內容要誠實。

那天，我記得要寫下感想之前，英文老師說：「不要拍我的馬屁，要謹記『誠實為上策』，絕對不要不好意思。我會把大家寫的感想裝訂起來，晚年的時候回味。」窗外透進來的陽光，照亮他諄諄教誨的臉龐。

同學們一邊寫心得，一邊遙想老師退休後躺在安樂椅上，看我們的教學回饋，感到人生有意義。

同學們一邊寫，也一邊想起他常講的：「老師如父親，學生是孩子，你們就是我的孩子們，一日為師，終身為父。」同學們一邊寫，更是一邊遵記，要誠實寫出來……

結果，我們的誠實，卻打翻了英文老師搖搖椅的畫面。就在繳交教學回饋的隔天，那是陽光燦爛的日子，個頭不高的英文老師，如巨人般站立在門口，臉都是黑色的。我想這是因為陽光在他身後，背光的原因吧！

黑臉的英文老師很嚇人，他走進教室，將稿紙憤怒的砸在講台，斥責全班同學：「逆子！」

那一句「逆子」，我印象太深刻了，令坐在前排的我嚇壞了，成了擋下首波怒氣的消波塊。

「老師是這樣子的嗎？你們這樣子寫老師，你們有摸著良心嗎？」老師將怒氣發洩出來。

我終於明白了，老師當初在說的是反話，是一種政治語言。他不是要我們摸著良心寫，而希望我們昧著良心，寫出一篇「好得可以讚美他教學認真執著」的心得，這樣他可以躺在搖搖椅看。老師的怒氣，讓我們很快學到政治語言，當場又寫出一篇「政治正確」的心得。

我再舉個例子好了。一九九二年，我就讀大三了，詩經老師是讓人尊敬的學者，終年一襲長袍馬褂，彷彿古書裡走出來的文人。他常常稱讚到課的學生，都是他的好孩子！不到課的學生，他全都當掉了，至於坐在後排的同學，則是他優先當掉的人選。在這裡透露個八卦，這本書的共同作者甘耀明，當年也被老師當掉了。

詩經老師也要我們寫心得，要我們誠實的寫意見。

一九九二年的清晨，下著雨的冬天，老師身著丹青色的馬褂，微笑著走進教室了。同學繳交了上課心得，老師看過以後，特別拿到講桌上放著。即便我們是大學生了，能拿捏該寫些什麼了，或怎樣寫才婉轉，還是搞砸了。可能有人沒有寫進老師的心坎裡，那一節老師微笑上課，保持學者的風範吧！但是，他的語言似乎在諷刺我們什麼似的。

最後我聽懂了，他在指責台下的學生，指責我們不好好上課，還在心得裡寫老師授課無聊，指責我們不明事理，指責都讀大學了還不認真，指責我們：「道德崩潰……精神淪喪……」

他把心得發還，請我們可以自由決定，要不要重寫。

我聽出他語意的脈絡了。他的脈絡和小學教師、高中英語老師相似，要的不是我們坦誠，要的是「他要求的答案」。至於老師保持學者風範，口頭上「請我們自由決定，要不要重寫」，事實上是命令我們重寫……

大學同學都是成年人，身處於解嚴的年代，敢於憤怒，也有覺醒的能力，紛紛感到憤怒又無奈。我不是控訴老師們，因為他們成長於那個威權年代。他們的成長養分來自舊時代，不知不覺浸潤了那樣的思維，但是這樣的思維模式和當今潮流不同調了。

教育單位最需真誠，那是教育開始之處。但是教育場所，從過去到今天，仍然難做到真誠。比如，我的姪兒抽不到公幼，只能讀私立幼兒園，幼兒園依法不能教英數等學科，少數家長反映亦無效。教育局人員前來訪視，幼兒園遮掩了教學用具；幼兒見到此荒謬畫面之後，心中不解，或了解成人的虛應作假。這一如過去督學來校視察，教師帶學生藏匿參考書一樣。最令人悲傷的是，大家已經理所當然了，不認為這有什麼問題，這不都是帶著孩子欺騙嗎？

教學現場遮掩真實狀態，這跟身為一個人不正視內在受傷、難過、生氣的狀態，其實是同樣的應對態度，更令人悲傷的是，世人也認為理所當然。

如今，權威的年代解構了，但大部分師長們，都成長於權威年代的教養，當孩子說了一句話，是我們不想聽的話，受到衝擊，我們如何傾聽內在的聲音？還願意聆聽孩子的說法嗎？我們又如何回應呢？這對很多教師是考驗。無論如何，唯有我們願意保持對話，願意傾聽彼此，我們才能滋生多一點真誠，去探索自己的內在，也許對話的視野就不同了。

聽話與對話

對話是一種交流、分享、溝通、了解，更進一步是辯證、討論。一位好的對話引導者，能讓人了解自己，也能讓自己了解他人，啟動雙方深刻的覺知，甚至能帶出多元思考，帶出繽紛的創意……

過去年代，高舉威權，父母與孩子、教師與學生之間，鮮少雙向的對話，多屬於「上對下」的說話，或者「套裝模式」的灌輸。那年代的孩子，被強制要聽話而不是對話，欠缺表達的練習，也欠缺溝通的技巧。他們成年之後溝通，若非唯唯諾諾的聽話，遇事較易感覺焦慮，就是以激烈的方式表達。

如今舊時代遠去，二十一世紀愈來愈資訊化、全球化、去威權化，舊的說話系統仍保有慣性語言，徒增了人與人的對話阻礙而難覺知。**一位聽話的孩子，時至今日，往往缺乏創造力。**在這加速的年代，資訊、知識可以迅速取得，唯有孩子能主動探索，勇於嘗試與挑戰，才有創造力，這迥異於聽話的孩子。

蘇珊．坎恩在《安靜，就是力量》一書中，引用了著名記者尼可拉斯‧雷曼在《美國菁英史》所言，她提到亞裔學生就讀名校，在校的成績都是前三名，但是畢業後的薪資卻是後三名，原因是不善表達：**「事實令人非常感傷：亞洲菁英在畢業那天，他們菁英的地位就正式告終了。」她繼續引述：「因為亞洲人欠缺超越他人的文化風格，他們太過被動，不懂交際應酬。」**

因為亞洲文化，家庭系統強調上對下，希望孩子能聽話，那怎麼學會表達與溝通呢？

然而在這個時代，是重視表達能力的。學校入學應試需要表達，求職需要表達，與人相處需要表達，有特別的提案需要表達。善於表達與對話的學生，勇於探索的學生，即使在校成績不優秀，但是畢業後保持這樣的特質，面對社會逆流，往往能展現創造力，表現亮眼。

聽話與對話的文化

一位馬來西亞友人，與我分享職場的觀察。他任職的公司，與美國、日本都有生意往來，因為業務需要，會受調派至美日兩公司。他觀察出美日的文化大不相同。

日本擁有謹慎、保守與服從的文化，員工在生產線上戰戰兢兢，認真的對待產品。日本人認真，與他國勞工的隨性截然不同，他們認真拴緊每一顆螺絲，將每一線條都準確對齊，日製產品精確優良，是他國勞工所不及的。

但是日本人強調服從，強調上對下的指示，強調下級服從上級，下屬得聽從上層指示。在農業、工業社會年代，日本人仰望權威統領，講究聽話與服從，穩定了社會秩序，創造日本的榮景。但是進入資訊年代，知識空前解放，權威也不再穩固，聽話的系統易阻礙了溝通與創造。

他和日本上司溝通，才講第一句話，上司便拍桌子，滔滔不絕的訓示。他感嘆日本的溝通模式，甚難傳達，也甚難有創造力！他即使有好的點子，都懶得再說了。他評估，日本引以為傲的電器，走到３Ｃ時代的創造，也許自身溝通文化的囿限，受到了某種程度阻礙，多少影響了日本經濟的沒落。

對話的力量

以一致性的溝通，化解內在冰山

但是美國文化不同。有一回，他事先沒收到繳交報告的電郵通知，等到被告知時，日期迫近了。他帶點憤怒的質疑上司，為何沒有通知他？上司很溫和的聆聽，提醒先前已經發過電郵。他堅持沒收到。上司也不多做解釋，僅指示接下來如何進行，詢問這樣的安排是否困難？

他事後發現那封電郵了，而且早已收到，完全是他疏失忽略了。信箱有自動回覆系統，想必上司知道他已經收到。他感到羞愧，也感佩於美國上司的溝通能力。這不是單一事件。他從往後的互動體認到，美日文化的差異，形塑了各自的行事風格，走出了各自的精神道路。也許是時至今日，美國仍富於創造力的原因之一。

過去華人的教養模式，比較類近日本文化，那是農業社會、工業發展中的社會秩序，勞動力得以有效率，那是上對下的指示。我強調的對話，是打破這種慣性，並且打開對話場域，同時必要的維持秩序之運作，亦即秩序的維持，是可以透過對話來進行。對話的發展，最初的場域是家庭，其次是在校園裡，後推及到社會場所。因此，我觀察了生活中的對話，整理出簡單的詞彙，也爬梳一些對話示範，將場域拉開，方便讀者在日常中覺察，有助於改變對話的品質。

此外，我也將對話的脈絡，從日常生活的主題，帶入閱讀領域，引領學生討論。我經常分享我帶領閱讀的方式，看看孩子如何進入經典文學的世界，這是透過對話引導，而不是如以往套裝的解答，我竟獲得非常美麗的風景，了解對話是如此美妙呀！

如何帶領孩子閱讀，重視體驗性，這個議題我會放入《閱讀深動力》這本書呈現，精闢分析我的教學經驗。

我撿到一顆石頭了

——對話是最好的教養

「你知道愛是怎麼開始的嗎？」

「一棵樹，一塊石，一片雲。」

這是美國小說家卡森・麥卡勒斯（Carson McCullers）在她的短篇小說〈樹・石・雲〉的精髓對話。小說描寫十二歲的送報童，在清晨的咖啡館遇到喝醉的陌生中年男人。後者告訴送報童，自己如何耗費精力，去找尋離家的愛妻，妻子沒找到，他卻突然體悟了愛的真諦：「人行道上的一片玻璃，或是音樂盒只值一毛錢的歌。夜晚牆壁上的一條影子。這些我都會記得。我可能走在路上遇到，然後我就會哭……」這原由是人類對愛的開始是愛情，一旦失去就太痛，愛要從愛上「一棵樹，一塊石，一片雲」開始才是。

愛的伊始在於「一棵樹，一塊石，一片雲」，這樣生命意涵或文學象徵的句子，層次豐潤，我滿喜歡的，但恐怕對有些人來說，這樣的意境像一個禪宗公案般，還真難了解呢！

事實上，小說沒那麼難理解，因為從對話中便可以實踐。對話帶來創造性，對話帶來的感性，成了愛如何從「一棵樹，一塊石，一片雲」的開始，我用以下的例子來說明。

有一天，我的姪子孝宣拿了一顆石頭，向我展示：「阿伯！我撿到一顆石頭了。」

我和五歲的孝宣感情甚好。每次見面，他都很熱情，常跟我分享故事、生活與見聞。我們談話時很隨性，但我總是很專注，好奇他所分享的，並且覺得和他對話充滿樂趣。

我常在演講時，拿這一個橋段詢問聽眾：若是五歲的孩子，分享他撿到的一顆石頭，能否和孩子對話超過五句？**但是對話中不要期待、命令與說理。**最常聽見的是大人對孩子的謬讚：「哇！好棒喔！」「好漂亮喔！」「你好厲害！」

孩子撿一顆石頭，會好棒嗎？會好厲害嗎？也許會很了不起吧！但一般情況下，大人脫口而出的稱讚，常成為一種慣性，以及虛應狀況，這種慣性也有其好處，但是被大量使用之後，總讓我感覺不真誠。

除了上述的慣性句子，其次最常出現的是命令與期待的語句，以下也常出自大人的嘴裡，例如：「很髒！趕快丟掉。」「不要撿那些髒東西！」「給我好不好？」「你要不要在上面塗顏色？」

導向意義與道理，也是常見的句子：「這顆石頭能拿來做什麼？」「這顆石頭的形狀，你會不會想到什麼？」

上述語句沒有問題。但是，我邀請家長暫時卸下「期待、命令、意義化與說理」的語句，而是轉向探索孩子的語句。比較遺憾的是，當脫離了期待、命令與說理，大家不知道如何對話了。

當五歲的孝宣撿到石頭，我便蹲下身子，接過石頭，仔細的看。我看了二十秒吧！只見孝宣露出興奮的表情，似乎感受到我認真參與他撿的石頭，內心很激動。

「孝宣……這顆石頭你在哪兒撿的呀？」

「我在門口撿到的……」

「你怎麼會看見這顆石頭呢？」

「因為，剛好有一隻蜥蜴跑過去。」

「你不怕蜥蜴呀？」

「怕呀！」

「那你怎麼敢撿呀？」

「因為蜥蜴跑走了。」

「喔！因為蜥蜴跑過去，你才看見這顆石頭嗎？」

「嗯～」

「你怎麼會想撿這顆石頭呀？」

「因為，石頭很漂亮呀！」

「你覺得哪裡漂亮呢？」

「因為上面紅紅的，很漂亮呀！」

「我看見石頭上紅紅的了。」我看一下石頭上的紅斑，又問：「你以前撿過石頭嗎？」

「沒有！」

「這是你第一顆石頭呀？」

「對呀！」

「那你要把石頭放哪裡呢？」

對話的力量

以一致性的溝通，化解內在冰山

「我要把石頭放在桌上。」

「你怎麼不是放在架子上？或者放在抽屜裡？而是放在桌子上呢？」

「……」

我暫且將對話記錄到此。我要表達的是，從這場簡單的對話，我漸漸發覺孩子的成長，透過和諧雙向的對話，會起了教養的關鍵位置。因為孩子向我們學習，我們是孩子的典範，是他們的藏寶庫。

教育不是輸入，不是把知識交給受教者而已，是幫助對方打開覺知的門，開啟通往愛的核心。**在對話中真心探索，理解對方，就是充滿覺知與愛的過程。**即使是面對一位孩子撿到石頭，也可以開啟對方的覺知與愛。

誰把紅豆湯煮焦了？

嬰幼兒源自生理需求，透過情緒，呼喚成人回饋，比如冷了、熱了、餓了就哭，倦了就鬧，情緒不穩定。這是人類生存的法則，因為孩子無法自理，需要以本能的情緒來呼喚成人。

當嬰兒成長到孩童時，要是延續著生理情緒，餓了就哭，倦了就鬧，恐怕不是家長樂見，對話便起了教養的關鍵作用。面對這階段成長的孩子，大人在回饋時，內容要溫暖，訊息要明確，聲調需和諧，可使他們的情緒較容易穩定。成人的回饋要溫暖，不是單方面的命令，而是雙向互動對話。孩子從對話中被理解，從對話中學習應對的態度，從對話中學習聆聽與表達，從對話中感到被重視，從對話中發現自我與世界。

兩年前，姪子孝宣還三歲時，我觀察他的表達，比較常出現哭鬧，遇到未滿足期待，常常哭鬧不止。我最記得孝宣去公園，無法與同伴玩溜滑梯，他會霸占溜滑梯，耍脾氣哭鬧不讓他人玩；到夜市看見夾娃娃機，父母不讓他投幣夾娃娃，他就哭鬧賴著不走。我請胞弟多與孝宣對話，對話時注重態度和諧，不是命令與說教，而是與孩子互動對話，進而回應孩子的情緒。胞弟努力實踐，全家人又時常和諧對話，短短一兩年時間，孝宣情緒穩定多了，有天和表妹三三選擇玩具，他要的玩具被拿走了，即使他的期待不被滿足，也能接受失落的情緒，甚至和諧的玩耍，不會如早年的哭鬧不止。

每週六，是我與家人固定的聚餐時間，有機會與孝宣對話。餐桌上，我有時間與孝宣互動，了解他在學校的學習，好奇他的日常行動。我羅列幾段和孝宣的對話，分享與兒童對話的樂趣。

對話的力量

以一致性的溝通，化解內在冰山

孝宣六歲才上幼兒園，他非常喜歡去上課。胞弟跟我說，孝宣有天被老師罰站了。

聽聞這件事，我蹲下來問孝宣：「聽說你被老師罰站呀？怎麼啦？」

孝宣點點頭：「因為我中午沒有喝紅豆湯。」

我進一步探詢：「你怎麼沒有喝紅豆湯呀？」

孝宣嘟著嘴說：「紅豆湯燒焦了。」

我明白了原因，跟他核對：「所以老師處罰你站著，是嗎？」

孝宣點點頭。

我繼續關心他：「老師處罰你站著，你會難過嗎？」

孝宣點點頭。

「那你有哭嗎？」

孝宣仍舊點點頭。

「那你心裡一定很不舒服吧！最後，你有喝紅豆湯嗎？」

孝宣看著我說：「沒有！」

這是一個簡單的對話，孝宣說話雖然不多，但是我了解事件的緣由，亦關心孩子的內在狀況。

事件發生一週之後，孝宣跟胞弟分享，他知道是誰煮紅豆湯了，而且像發現天大的祕密般興奮。

我聽了這個訊息，感到無比的好奇，再次見到他時，蹲下來問：「你知道誰煮紅豆湯呀？」

孝宣點點頭。

「你怎麼會知道呀？」

「因為我偷偷跑到廚房去看，是誰把紅豆湯燒焦了？」

「是誰呢？」

孝宣像宣布一個大訊息一樣，表情豐富的說：「是一個阿婆！屁股大大的，穿黑色的褲子……」

「喔！你看到了呀？」

孝宣興奮的點點頭。

「那你後來有喝紅豆湯嗎？」

孝宣乖巧的再次點頭。

「你這一次怎麼會喝紅豆湯啦？」

孝宣解釋道：「因為這一次沒有燒焦啊……」

我們的對話就此結束，卻讓我感覺，與孩子互動是一件多麼美妙的事。

同樣的伯姪互動，不久後又發生了。那一次，我擔任文化部的金鼎獎童書評審，要認真閱讀不少入圍的書籍，一部分我已購入，方便在家中閱讀。六歲的孝宣靠過來問我：「阿伯！你在看什麼書？」

「我在看故事書。」我將少年小說的書封面舉起來，讓他看一下。

「好看嗎？」

我因為工作而閱讀這本書，但是故事並不好看，我也很坦誠的回應，「不是很好看呢！」

「那是什麼故事？」孝宣充滿好奇的問。

「你想知道嗎？」我詢問他。

孝宣點點頭。

我忙於工作呢！並不想費勁兒跟他說明，因此我很坦白的說：「可是我不想說呢！」

「為什麼？」孝宣不解的問。

「因為，阿伯現在沒空呢！」對孝宣解釋完，我還照顧他的心靈：「阿伯這樣說，你會生氣嗎？」

孝宣很懂事的說：「不會呀！」

我繼續探索：「那你會失望嗎？」

孝宣仍舊說：「不會呀！」

「那阿伯要看書囉！先不陪你聊天。」

孝宣很懂事的點頭，進一步詢問我：「阿伯！那我可以坐在你旁邊嗎？」

我點點頭說：「可以呀！」

接下來的畫面，就是我繼續讀故事書，孝宣安靜的坐在我旁邊。我感覺與孩子交流，表達自己的需求，也聆聽孩子的需求，甚至拒絕孩子的需求，是人與人界線的學習。這都是通過對話來學習，讓人的內在真誠流動，是一件非常美妙的事。想起孝宣更小的時候，遇到不滿足的期待，常常會鬧著情緒，如今這樣的狀況愈來愈少了，這是透過對話而來的學習。

花香一直波浪呀

有一次我去花市，買了一盆香花給父親，返家的路途，五歲的孝宣坐在車內。

我問孝宣，是否聞到花香？

孝宣點點頭，不久告訴我：「阿伯！花香一直波浪……」

我對孝宣所說的，感到很好奇。其一是，他的語句不夠成熟；其二是，他知道波浪是什麼嗎？

我問孝宣：「看過波浪嗎？」

孝宣點點頭說：「看過呀！」

「在哪兒看的呀？」

「爸爸帶我去高美濕地！」

「你去高美濕地呀！看到什麼有趣的呀？」

高美濕地是台中的海岸生態保護區，是熱門觀光景點。孝宣跟我分享高美濕地之旅，全家一起出遊，他看到海鷗、螃蟹等生物，還玩了沙，當然還有波浪……

我們花了一些時間談論高美濕地，然而我腦海繚繞的是他說的「花香一直波浪……」，這語意是什麼。這意思我自認為可以理解，句構像詩一樣的美麗，可是我好奇他所想的跟我一樣嗎？於是我詢問這句子的意思。

孝宣想了一下說：「就花香一直波浪……」

我索性解釋了一下，跟孝宣核對意思：「是不是花香像波浪一樣？撲鼻而來呢？」

孝宣搖搖頭說：「不是啦！」

我再次想確認：「那是什麼呢？」

孝宣再次說：「就是花香一直波浪呀……」

聽到這兒，我不禁哈哈大笑起來。孝宣的語句像詩，或許不成熟，無論如何，這是孩子摸索語言的過程，創造出來的樸質之美。我最怕大人糾正孩子，學會所謂的正確句法，比如：「花香撲鼻而來。」就好像小學生寫作文，還未體會春風和暢吹拂的美感，還沒有感受陽光柔和的美麗，卻公式化寫著：「這是一個風和日麗的早晨。」這「風和日麗」成了不假思索的語言，從國小用到國中，成了大部分學生的八股用句。

每週末的家族聚餐，我都和孝宣短短的對話。每次對話我都專注好奇，覺得很愉快。一連數年的對話，我感到孝宣的成長，他常常主動分享見聞，情緒也明顯大幅度穩定，談論事物的見解也趨於多元。這當然還有胞弟與弟媳在家的努力學習，如何使用對話，當一家人都和諧專注的對話，對孩子而言就是最好的教養。

我鼓勵家長們，應經常和諧專注的與孩子對話。**初步階段，家長可以有意識的與孩子對話，每天花費五分鐘的時間，在姿態、語態上都和諧專注，內容試著不說教、不命令。**一段時間之後，不少家長的回饋都很正向，想不到這樣就能讓孩子轉變呀！

若是對話的能力更好了，可以更進一步試著融入生活中。比如孩子寫功課拖拖拉拉，在房裡玩耍太久了，家長過去的語言是：「還不趕快把功課寫完！都已經幾點了！」

上述語句若更改為對話模式，可以這樣的呈現：「弟弟呀！怎麼啦？你功課還沒寫完，怎麼在這裡玩呢？發生什麼事了？」諸如此類的互動，可以延及到生活各種層面，不再一一贅述。

愛的開始，覺知的互動，從對話中開啟了，對話素材無論來自日常一棵樹、一塊石、一片雲，都能成為親子互動的平台，從而創造出豐富與多元的對話，聯繫彼此的感情。一旦對話系統建立了，親子之間都會有巨大的成長。

傾聽的藝術

一位海外教授來電，代為詢問友人的親子問題。

這位教授相當有熱情，聽說帶過不少孩子，帶得相當出色。但是他友人請託的女兒，屬於棘手個案，他帶領的過程遇到瓶頸，詢問我的解方，甚至不惜來台灣見我。

我隔海傾聽了孩子的狀況，有一個大概的圖像，並允諾教授的訪約。過了不久，教授邀約了孩子與家長，專程搭飛機來台灣，彼此交流意見。孩子是十歲女孩，她並不知情，這次來訪的安排是為了她，誤以為介紹作家認識。我空出三個小時與他們談話。

對話的力量

以一致性的溝通，化解內在冰山

據母親與教授的私下描述，女孩經常歇斯底里，情緒一旦失控便咆哮，將自己置身受害角色。母親不知該如何是好？

女孩長相甜美，生性害羞模樣，看不出有何問題。我跟女孩閒話家常，卻無法針對孩子的情緒事件詢問。因為教授擔心孩子反感，不期望我碰觸到敏感問題，以免壞了他日後與女孩的關係。

此舉與我原先設想不同，當初我答應的條件，是女孩願意見我才行，或者孩子知道一些談話背景。

常有父母帶孩子見我，期待給些想法。即使孩子不知道來訪的目的，但是談話過程，我仍舊寧靜且專注，數句話便切入問題。我對自己有些信心，若是能真誠善意，應不會有問題衍生。

但是教授耳提面命，要我不要過於自信，絕對不要提敏感問題。這使得我只能以作家身分，與女孩分享日常的寫作經驗。此番與當初協議不同，我能做的對話受限了，這出自於尊重教授的意見。

我與女孩僅止於閒話家常，孩子隨後到遊戲室玩耍。我轉而與孩子的母親對話，詢問意見，想從我這兒得到什麼。她大老遠搭機七小時來回，難道只為短暫的談話？我竊以為她浪費了趟旅程，隨後感到母愛之深切，她不在乎她對女兒的付出是多了七小時，或七百小時，她願意。

我無法與她女兒對話。母親倒也大氣，並非要我改變女兒，只問我，她要如何面對這教養難題。我帶出一個目標：如何應對孩子的歇斯底里？並且探索母親的成長歷程，以覺察母親應對時的恐懼。

傾聽不易，只好說了又說……

我與母親對談五分鐘，一旁的教授頻頻插話。我每講幾句話，便遭打斷，被教授插入一串意見。

教授不斷抒發己見，認為再談這些都沒有幫助了！他判斷孩子罹患精神疾病，應求助於精神科醫師。

此時，我不知道能幫上什麼呢！我能做的，便是轉而與教授對話。然而教授滔滔不絕，真的是口若懸河，不留給我對話的縫隙。我想，他既然是教授，就聆聽教誨吧！教授自顧自的講，愈講愈激動，言詞慷慨了。只是我也好奇，教授找我來做什麼呢？要是盤算出我無用處，怎麼還帶朋友遠渡重洋呢？

教授持續發表高論，不斷說自己的教育歷程，口沫橫飛。我聽不出什麼重點。

然而，母親安靜聆聽，愛女情深的她不在乎付出七小時，或七百小時，或許她聽出了什麼道理，我也陪伴聆聽吧！因為我沒把握能做什麼。

一個多小時過去了，教授的說話還沒落下句號。母親雖然安靜，但是流露出不耐煩，最後忍不住動怒了，甚不客氣的責怪教授：「大老遠來，不是來聽你廢話……」

這句話如滅火器，消滅了所有言語。空氣突然安靜，場面尷尬無比，隨即教授與母親圓場，不斷解釋，兩人以「指責、討好、打岔、超理智」四種的姿態交錯應對，充滿詭異氣氛，真是很難見到的場景。我只是靜靜等待，安靜聽他們爭辯的結果。

這是難得一見的場景，只是苦了眼前這兩個人。

教授可能也不明白吧！不明白自己在做什麼？他熱情的引見雙方，明明是來求助的。我暗自揣想，這位教授滿腔熱忱，但是不善傾聽吧！不斷的想要表達己見。我深深一嘆。

這一嘆，也感嘆自己的年少輕狂。以前的我不善傾聽，只求他人傾聽，因此與人對話時，常陷入失焦、不知所云，或者陷溺爭辯的局面。想必甘耀明見過我在大學的系學會擔任幹部時，如何與意見相左的人爭執，滔滔不絕的說話。任何能爭辯的場域，我絕不會饒過自己的舌頭，更不輕易放過對方。

爭辯是我面對世界的方式，以此自豪過。台語講的「有耳無嘴」——安靜聽人講話，不說話——用在我身上應是「有嘴無耳」吧！足以形容昔日的我愛爭辯，不喜聆聽。

如今我懂得對話，善於傾聽了，內在趨於寧靜，也常從對話中，看見自己過去的身影，感覺傾聽並非易事呀！

缺乏傾聽的結果

我常常觀察人們談話，關於傾聽的功課，頗有深刻感觸。以下的案例，不只是眼前的一幕，這樣的場景經常出現在日常生活。

幾天前，住巷口的女孩返家，手裡拿著一台全新的iPad，對我播放她拍攝的微電影，取材靈感是自家附近的野貓。這齣微電影為她贏得抽獎的機會，她興奮的說，「我抽到這台平板耶！阿建叔叔，太神奇了吧！我一直想要一台平板耶！想不到我還沒有手機，就先得到平板電腦，我要拍更多微電影。」

十六歲的女孩手舞足蹈，為自己的幸運歡呼。我也感染她的喜悅。

我好奇的問她，去拍微電影，是在什麼機緣之下開啟？

女孩開心的分享，再次播放微電影，為我解說拍攝的花絮與動念，燦爛的陽光溫煦，照耀著女孩青春的生命。不料，一片暗影如烏雲飄過來，遮斷了女孩的陽光。原來，女孩的父親步出門外，臉色一變，冷冷的質問女孩，那是誰的平板電腦？

女孩似乎沉浸在喜悅裡，未發現父親的冰冷，開心高舉平板，說這是自己的平板喔！

父親嚴厲的質問：「誰准許妳買的？」

父親不只打斷她的陽光，還打斷她的笑容。

女孩感到了父親的不悅，有點兒害怕，也有點兒生氣，說：「那是我拍微電影——」

「亂來。」父親甚至打斷她的話，未完整傾聽，因為他被憤怒淹沒，揮手將女孩的平板打掉了。

女孩摻雜各種情緒，憤怒著、顫抖著、咆哮著，最強的情緒是失落，使得她拾起平板，疼惜撫摸。還好平板的邊角褪了一點兒顏色，沒有碎裂，但是女孩的心碎裂一地，她不想收拾殘局，哭著進屋了。

試想，父親若是懂得傾聽就好了，從而能了解女兒的平板如何得來，以及她對微電影的情感。但是，父親欠缺傾聽，只想執行家規，也就沒有機會理解女兒了。

我對女孩的父親解釋，平板是女孩拍微電影得來。父親聽了，並未對自己的魯莽抱歉，反而抱怨女孩不懂事，怎麼可以一直想要平板。這場對話便草草結束。

我深深感嘆，感受到父親的內心受傷了吧？覺得女兒打破家規，覺得女兒不懂事，覺得女兒這樣、那樣的……然而，父親沒有傾聽自己，無法傾聽內心真實的聲音，那又如何傾聽他人的聲音？使得這場失控的對話，傷了父女兩顆心。

打斷對方談話

不擅長傾聽的人，只好擅長打斷對方的談話，收到反效果。我曾經見過一位推銷員，滔滔不絕的說著，卻沒有掌握傾聽，忽略了穿透人心的對話更勝產品的價值，結果適得其反。

以下是那個我目睹的案例——

推銷員：我知道你需要鍋子，你想要什麼類型的鍋子，我相信××牌都可以滿足，只要說出你的需求，要煎鍋、煮鍋、炒鍋、不鏽鋼鍋都有。相信你看了我示範的鍋具功能，保證滿意。

顧客：我大致了解貴公司的產品，也使用過你們的產品，只是我在煎魚的時候……

推銷員：煎魚是嗎？我們過去的某些產品，到今天不同了，有突破了，就像這個型錄上的這一款產品。你只要使用過，就知道有何不同，能解決你的煎魚問題了。

顧客：我知道！新型錄的產品，我已經了解了。但是，煎魚的鍋子，材質有……

推銷員：你說的，我都了解。我提供你更多的新資訊，煎魚鍋的材質，若是不沾鍋的話，一般對於健康有影響，這是科學研究報告過的。所以，你用我們的鍋子時，更改一下煎魚的方式，就會了解我們產品有多棒。

顧客：你大概不懂我的意思，煎魚的鍋子，在材質上有很多種……

推銷員：對對對，鍋子有非常多種，但是我們新款的這種，和過去的部分不同。你看看這個材質，你知道這個材質怎麼研發的嗎？

顧客：我想要問的是，如果煎魚的時候……

推銷員：你聽我說一下好嗎？只要一下子就好了，如果你想要買一個煎魚鍋……

顧客：我一點都不想聽，也不想買了，你可以走了！

推銷員事後告訴我，這名顧客太心急了，不給他說話的機會，顧客要是知道自己錯過什麼，一定會後悔自己失去好煎鍋，也失去廚藝精進的契機。

推銷員卻不明白的是，他自己才是心急呀！急著介紹產品，又急躁打斷談話，失去了解顧客需求的機會。銷售員不懂得傾聽，如何掌握他人的需求？怎麼解決他人的疑問？

我反問推銷員：「你知道顧客的需求嗎？」

推銷員迅速的說：「買煎魚鍋呀！」

顧客的問題，推銷員知道嗎？還是推銷員自我感覺良好，臆想自己已經掌握了顧客的需求，理所當然的陳述著。或者是，推銷員起手式是幾句「敷衍式」的好奇問話之後，又尚未理解了顧客需求之前，便急著將鍋子推銷出去，往往搞砸了場面。

以上是較極端的例子。打斷對方談話的現象，不只發生在推銷員，在人與人之間可見，日日上演在師生、親子或朋友間，不過是打斷方式各異，強度不同而已。

耳朵被關起來了

與人對話，傾聽非常重要。我曾在《沒有圍牆的學校》一書，寫到我與學生阿詢的對話。我請阿詢訂正錯誤，錯字罰寫一行，他總共要寫三十餘行。阿詢告訴我寫不完，我卻沒聽進心裡，只當他在抱怨，要他趕緊寫完。

阿詢與我的互動，最後爆發了一段插曲。阿詢在課堂哭泣了，我過去關心他，他卻什麼也不說了。無論我如何積極的問他，他一概閉嘴，最後才吼道：「說了有用嗎？」

當時我仍舊不明白，告訴他：「你不說我怎麼知道！」

他表示，剛剛說了：「我寫不完呀！」

依我所見，人與人的對話常發生類似的問題，沒有真正傾聽。比如阿詢寫不完，我並沒有聽見他的困難，只是想要他達成目標。若是我聽進他的困難，我們就可以在他的困難處，多一點探索與討論。

我發現人們談話，耳朵常常關起來了，使得對話不容易進行。耳朵關起來的動機，可能趁機思索對方的話語破綻、自我執念強大，或敷衍式聆聽。人們沒聽見彼此，沒聽見對方的困難，也未聽見對方的需求，往往只想表達自己，或者只聽自己想聽的。

尤其當自己有所期待，而期待未被滿足，對話常常就卡住了。

因此對話的人，應問問自己：當期待失落，也就無法傾聽了，又如何進行對話呢？

比如我在媒體上，看見一則新聞，我將對話大致整理如下：

員警巡邏時，發現一輛轎車停在紅線上，屬於違規停車，依法取締。一位女士立刻衝上前，希望員警網開一面。警察依舊開紅單。

車主：「一次機會都不給嗎？」

員警：「抱歉，我照規定走。」

車主：「我一下就走了。」

員警：「妳的車停在紅線，會擾亂後方車流，要是讓來車碰撞，人家搞不好有生命的危險。」

車主的情緒激動，不願被罰錢，不斷求情：「大家網開一面，不會讓你為難到哪裡。」

員警：「這裡是台灣，請遵守台灣的法律。」

車主：「了不起喔？」

員警開完紅單，說：「趕快開走，不要停在這邊。」

車主：「所以，你說我是大陸人就對了，是嗎？」

員警：「我責令妳現在駛離，這裡是紅線跟斑馬線，開走！」

車主情緒暴走，提及台灣法律沒什麼了不起，兩人在路邊發生爭執，這引起不少路人旁觀。

員警下通牒，說：「開走。」

車主：「你不是要再開一張？給你開呀！我偏不走。」

員警：「我有說嗎？」

車主：「你凶什麼？」

雙方大聲咆哮。

員警：「沒網開一面這種東西，這是台灣的法律，我一開始來就跟妳講了。」

車主：「你現在笑我是大陸人就對了，是不是？」

員警：「什麼台灣的法律了不起喔？妳現在在什麼地方？請妳遵守這個地方的法律。」

車主：「你現在說我是大陸人，對不對？」

員警：「我請妳遵守台灣的法律，其他的話我都沒有講，妳要怎麼解讀是妳的事情。」

……

從以上對話中可以看見，車主的期待未被滿足，也就無法聽見，真正的問題是車主違規。一旦車主的期待失落了，滿懷情緒，哪懂得傾聽呢？這也就難怪語無倫次了。最後，警方與車主的對話帶著氣焰，提及台灣的法律、嘲笑大陸人的話，已失焦了。

員警依法執行，絕無問題，但是他在繁瑣工作的應對之餘，如何有餘力聽見車主的聲音？這是困難的工作。若是員警能聽見車主的懊惱，聽見車主的氣急敗壞，只要簡單予以回應即可，不要隨情緒起舞，執法會順暢多了。

當期待未被滿足，人們的耳朵往往關閉了。在親子教養中，這樣的情況經常出現，比如父母與孩子談話，當父母的期待未滿足，這時候的父母像車主，受情緒影響，耳朵自動的關起來，接下來就不能聆聽孩子的訊息了。

或許父母更疑惑的是：當孩子有所期待，比如要求某種權利，但是被拒絕時，有情緒之際，父母該如何回應。因為這時候的父母如同員警的處境，情緒也起伏了，很難傾聽。要是如此，父母可以參考我的《心念》書中所言，如何覺知自己的生氣、難過等情緒，安頓自我。

總而言之，期待未滿足，父母在面對孩子時，會如例子中「車主」與「警察」在這兩種身分的擺盪。這衝突模式也套用在師生、夫妻或朋友間，期待未滿足，情緒加大，要懂得聆聽或對話，恐怕不簡單。這時要是有一方懂得聆聽、懂得回應，結果就有所不同。

對話的力量

以一致性的溝通，化解內在冰山

不只是期待未被滿足，彼此的傾聽會被封阻，要是彼此觀點不同，人們的耳朵也經常關閉，不懂傾聽，只想說服對方而已。這很容易形成社會常見的兩造對立，公說公有理、婆說婆有理，無法對話。

有一個禪宗故事：南隱禪師為求道者斟茶，眼看茶杯已經滿了，南隱仍舊繼續倒水，茶水滿溢出了。南隱的意圖，大致是想表達，茶杯若沒有空間，茶水是倒不進去的，意味著聆聽者若過於執著，無法吸收新的禪理。

現今的社會處境，也是這樣的狀況，人們腦袋裡裝滿定見，騰不出空間裝下別人的想法，也就無法傾聽彼此，正如杯水裝不下壺水了。比如台灣社會近日婚姻平權議題，從而衍生出的「同性婚姻」、「反同性婚姻」兩造。再者，曾經引起大家熱切討論的「挺死刑」與「挺廢死」，「挺服貿」與「反服貿」議題，依我觀察彼此所言，都未真正傾聽，只是想說服對方罷了，最後成了言詞與立場互異的兩造，問題永遠不會解決，剩下綿綿無絕期的衝突。

如何才能傾聽彼此呢？當人們意見相左，還能傾聽彼此嗎？

我的看法：意見雖然相左，仍舊能夠傾聽。

重點在於不是將「行為＝人」，也不是將「觀點＝人」。若是人們將行為、觀點等同於這個人，就會出現對立，無法彼此傾聽，當然也無法對話了，如此便會想要矯正對方，說服對方了。

因此，人們若能關心「人」，而非關注在人的「行為」或「結果」，那麼傾聽就啟動了。有了真正的傾聽，就有了真正的對話，能建立社會和諧的基礎。然而目前的困難，是在聽話系統裡成長的人，不懂何謂「關心人」、何謂「關心行為」的差異，因此常困惑不理解。

這畢竟是難的，因為我對「關心人」，而非「關心行為」這起碼的認知，花費很長時間理解，直到接觸薩提爾模式，才逐漸學會了：**不是去看問題，而是看人的困難，若只是看問題，會將人問題化。若是看見人的困難，就會看到人的資源，看到人的力量，行為不是一個人的全部，轉化與溝通就有了可能。**這使我對「關心人」有了更深刻的體悟，與實踐。

希臘有句諺語：「聰明的人，藉助經驗說話；最有智慧的人，根據經驗不說話。」

這句諺語，被廣泛運用在人際、銷售與職場中，但是能覺知的人甚少。人們忙著當聰明的人，忙著說話，卻忽略了智者的處世哲學。所謂「智者根據經驗不說話」，並非不說話，而是不急於說話，以好奇、聆聽、觀察的方式，與人對話。因為急於說話，很容易淪為唇槍舌劍。

克里希納穆提說，對話的時候，「沒有耐性就是攻擊性。不斷的攻擊和替自己辯護，無法安靜的看、聽和深入的感受。不計一切要達到彼岸，沒命的游，卻不知道彼岸在哪裡？」

從聽話的年代，走到對話的時代，傾聽的藝術更形重要了，不是嗎？

對方一直說，怎麼辦？

對話的重要精神是傾聽，然而遇到對方不斷訴說，該如何是好呢？比如我遇到的教授。

當我面對教授，有幾個念頭產生，一是我想起過去的自己，不也是滔滔不絕？不也是常常不知所云？往往動氣爭執，導致氣氛尷尬以終，而腦袋裡的思緒紛飛，沒個安住的所在。

人們深恐他人不理解自我，便急於表達自己，讓他人知道自己。我想，教授當時急著表達自我吧。於是，我想理解教授所言，很努力傾聽，想要聽懂、釐清教授的想法，因此聆聽的過程，我就算有好奇，也盡量做到不急促，核對教授的想法，也留意自己是否動氣了？

面對教授的滔滔不絕，我的第二個想法是，我也不能做什麼，因此專注聆聽他的想法，雖然我暫時理不出頭緒。

若是我有想法呢？或者沒有時間聆聽，或者不耐煩聆聽，該怎麼做呢？這是聆聽者會面對的場面。聆聽者是人，會受許多外在、內在的因素左右，要做一個全然的聆聽者恐怕不簡單。

面對這樣的狀況，有三個方式可以應對：

一、設定時間

這是我經常做的，將自己能傾聽的時間告訴對方，比如我常跟孩子說：「我只有五分鐘聆聽！這樣可以嗎？」

若是孩子覺得不夠，而我也不能多聆聽，我會回以：「我只有五分鐘呢！你怎麼辦呢？」讓孩子有決定說的權利，以及要如何說。

設定時間未必能符合現狀，畢竟是我個人的特殊狀況，我時間繁忙，常有人找我對話，無法撥出更多時間應對。但是，設定時間這概念，可以活用在日常生活中，比如我常鼓勵父母，每日花五分鐘，練習與孩子對話，讓自己成為一位最佳的聆聽者。

二、停頓的方式，將節奏放緩慢，對方也跟著放慢節奏

這能讓對方暫停訴說，但不是打斷對方，並在一段傾聽之後，接著運用最簡單的方式，比如叫喚對方名字，並在回應的時候，刻意拉出緩慢節奏，引導對方的語速變慢；又比如我在對話範例中，使用「……」作為停頓的節奏，效果也很好，這技巧會在此書後頭深入說明。

然而停頓的基礎，在於先傾聽他人；並在回應時，佐以停頓，幫助他人也傾聽內在，也聆聽到你的回應。

說話急促，這種衝動的氣氛很容易渲染，使得聆聽者被波及，惹起無端的浮躁或抗拒，反而忽略了傾聽的動作。

三、核對對方的訊息

若能帶著停頓的節奏，跟對方核對訊息，有助於說話的人整理，而核對訊息的步驟，可以將對方的訊息整理，再回問對方確認。最簡單的核對，就是下章節會深入說明的「重複他人的語言」。

以上方法都是以傾聽為基礎，漸漸發展出來的方式。薩提爾女士說：「我們因相似而有所連結，我們因相異而有所成長。」或許可以理解成：以傾聽連結彼此，進而理解彼此的差異之美。生命所以美好，從來不是完美，完美不存在，存在的是從傾聽發展出來的欣賞。

當人懂得傾聽之後，才能真正擁有好奇，展開深刻的對話，成長也於焉開始。只有懂得傾聽了，才有全然的好奇，才能在談話的節奏中，發現從未發現的問題，看見從未看見的視野呢！

對話練習

以前，父親常說：「想當年……」

這個「想當年」，是父親開啟在大陸流亡史的口頭禪，他總是說：「我在濟南的時候呀！只有二十來歲，那日子太苦了，頭上插了一根草，蹲在城牆下，一天賺一個窩窩頭。你爺爺帶著一家人，跑到開封去了，咱們家當時在開封，倒了大楣了，竟然死了七口人。你幾個姑姑被綁票了，你二爺爺去救她們，被土匪殺掉了。你奶奶氣急攻心傷寒，死的時候才四十歲……」

以前的我，聽到父親講家族歷史或個人經歷，我都要他別再說了，或者假裝自己在聆聽，但是心不在場了。從小到大，我面對父親「想當年」，總覺得兩人相處在無交集的平行世界，活像相鄰水族箱的同種魚類。

現在，父親仍常說：「想當年……」

現在的我，內化了對話的精神與技巧，成了他的好聽眾。傾聽父親，聆聽他回憶的碎時光記憶，在面對他如泥淖般重複的內容之餘，又能切入新細節；面對他偶爾夾雜的抱怨，與他同愾抱怨之後，還轉入新話題。這父子互動，跟以往有很大的不同，有話可講，無話不談，我們總算是活在同個屋簷下的家人了。

如何聆聽父親？我發現，當我肢體和諧，神情專注的傾聽，彼此的距離就近了，這是第一步。第二步是，主動保持好奇，對眼前的生命好奇。我好奇父親的故事，好奇他的選擇，好奇他的決定，好奇他的感受……

當我懂得專注好奇，對生命產生敬意，我對父親說的每段話，都想探究，彷彿閱讀一本令人充滿驚奇的「家書」。

對事件好奇

話說那天，父親又「想當年」了，說到他逃到濟南的苦日子。

一旦我對父親的話匣子，有了深深的好奇，他一如既往的故事，聽起來就有不同的韻味。我對父親的經歷好奇，便問：「爹呀！等一下。你人在濟南，不是嗎？那怎麼會知道家人在開封遇難呢？」

父親慣常的言談，被打斷後，將回憶拉到非慣性的軌道，思索後，說：「我接到你爺爺拍的電報……」

透過我好奇的問話，父親搜尋遺忘的片段。這也是我第一次了解，原來爺爺以電報傳達凶訊呀！這噩耗肯定如匕首，深深劃傷了才二十郎當歲的父親。父親與家人各自東西，飄零濟南，年歲又那麼苦……

我對父親所言，有更多的好奇了，便問：「你，那時很震驚吧……」

「那當然震驚啦！我哭了不知道多少回，日子都過不下去了。」

「那你日子怎麼過呢？接到電報，你還苦蹲在城牆下，頭上插根草嗎？有繼續去打工賺錢？還是繼續去上學嗎？」

父親內在有很多感觸吧！他才說：「日子當然要過下去……」

我好奇父親的經歷，好奇他遭遇事件後的反應，或更深處的心情。這點在我與俊彥、孝宣的對話，亦是同樣的狀況。我好奇俊彥發生什麼事，從事件裡看見俊彥處境，知曉事件的來龍去脈。又如，姪子孝宣撿了一顆石頭，我好奇他的發現。雖然是在事件裡探索，但卻是對人好奇。

「好奇」宛如「回憶棒」，非常受用。善加使用，正如同我帶領當事人，重新閱讀自己的故事，也讓我了解他們的故事。

對人的選擇好奇

聆聽，使我積極參與了父親的故事。好奇，成了我追索父親經歷的方式。聆聽與好奇，是一連串的左右足印，讓我親炙了父親述說的流亡旅程，亦是對他最大的尊敬。

我好奇父親的生命史，與他對命運的選擇，因為他的每個小抉擇，都關係著我的生命。身為「山東流亡學生」的父親，在澎湖差點被暴力填海，幸運逃過了「外省人的二二八事件」，卻被押到火燒島（綠島）充軍，遭受白色恐怖迫害。他接著輾轉來台灣，若非父親堅毅的活下來，若非父親遇見母親，若非……這一連串的「若非」，就是一連串的「選擇」，牽動一連串的命運，關係日後我的誕生。

聆聽與好奇，也是兩把鑰匙，有助我打開父親的經歷，倒出了令我驚豔的家族細節。比如，我好奇父親當時在濟南就學，窮困潦倒，處處打工，為何收了電報後，不到開封找爺爺呢？再不濟，能與家人團聚的溫度，絕對勝過孤伶伶在濟南的淒寒呢！

於是，我好奇的問：「你那時完全都沒想過嗎？去開封與家人會合？」

「我想過要去開封，但是想想就作罷了！因為你爺爺脾氣不好，我估計到開封也會常吵架，而且我回去又能幫什麼呢？」

「喔！這怎麼說呢？」

父親面對我的好奇詢問，將回憶拉到更遠之處，說：「你曾祖父李在朝，是前清的秀才，清朝廢了科舉，在朝爺爺到日本讀書，讀的是東京帝國大學博物系，當時家中庫房堆滿動植物解剖圖，都是他親手所畫，上頭密密麻麻都是日文。在朝爺爺大學畢業回山東，擔任優級師範研究所所長，他是山東省第一任所長，誰料到在朝爺爺四十歲被土匪殺了。你祖父——道彰爺是長子，當時才十八歲呀！在朝爺爺死了，道彰爺壓力太大了，心裡面多難受呀！脾氣大得不得了，常常喝了酒發酒瘋，又是亂發脾氣，又是哭，孩子們都躲得遠遠的……」

父親的成長飽經戰亂，人生遭受大動盪，內心一定糾結吧！原來，他六歲到濟南求學，是與爺爺的脾氣有關，他厭煩了家中應對。爺爺的壞脾氣，與家庭遭遇的一串境遇，也許源自曾祖父驟逝。我隱約看到，命運這隻手如何影響家族變遷，以及是從哪一刻下手了。

我從父親的生命史切入，進而對家族的歷史，有更多認識與理解。我是如此的驚訝，若是父親當時到開封依親，便不會來台灣了，也就沒有我的誕生，這一切都太讓人驚奇了。

好奇「人的選擇」，以及人如何面對選擇之後的行為，是我在對話中，非常重要的部分。好奇「人的選擇」，不去批判與質疑，而是純然的好奇，就能發現人的豐富，為當事者帶來覺知，為生命帶來發現。若能進一步探索，選擇是否符合期待？是否遇到什麼困難？就能讓人重新選擇，讓人看見生命的力量。

更多的好奇

沈從文寫過〈我上許多課仍然不放下那一本大書〉，他所謂的「大書」是教室外的大自然魅力。於我而言，父親是一本大書，是美麗多情的「家書」。我每天都和他對話，每天閱讀這本家書。我注視父親，聆聽父親，深深感動，感動生命的奇蹟，感動自己何其有幸，能坐在父親的身邊。那些年少與父親多談兩句就厭煩的生鏽時間，現在都成了黃金時光，閃閃發亮，多虧了對話。

我跟父親的對話多了，更多好奇衍生出來。我生母早年離家，我好奇父母的婚

對話的力量

以一致性的溝通，化解內在冰山

姻，他們是如何相遇？我和父親對話才發現，父母的婚姻機緣巧合，可見我的出生有多幸運，難怪人們說生命就是奇蹟。我好奇父親如何為我取名，更好奇父親的名字怎麼來的。父親都能娓娓道來。

父親這本家書，我愈來愈讀懂了，和他愈來愈靠近，感覺父子的生命緊緊相連。每天的父子對話，使父親經常意猶未盡，邀我再多聊一會兒，再多坐一會兒吧！父子之間關係的轉變，是我始料未及。

直到那天下午我們又多聊了，父親忽焉不語，看著我，嘴邊的話成了眼裡的千言萬語，我很少看見父親這樣看我，像對鏡凝視，毫不尷尬。恍恍惚惚，那是阿根廷作家波赫士（Jorge Luis Borges）在小說〈另一個我〉的複製感，描寫七十歲的波赫士在河邊相逢了十九歲波赫士，付出一場對話，得到「彼此如此不同，又如此相像」。這魔幻場景只有在原生家庭才能發生吧！我複製父親的血緣，領受他的教養，我們如此不同、如此相像，以至於我凝視父親，真像凝視九十歲的自己；深信父親凝視我，或許有凝視四十餘歲的自己的感受吧。只有在家庭，在同個屋簷下，才能擁有魔幻時刻的權柄，遇見未來或過去的自己，與未來或過去的自己共席，與未來或過去的自己對談，或凝視，並珍視之。

凝視之後，父親嘆息，讚嘆這才是父子，我們關係親近了。

智利詩人聶魯達（Pablo Neruda）寫過如下的詩句：

而就是在那種年紀……詩上前來
找我。我不知道，我不知道它
從什麼地方來，從冬天或者河流。
我不知道它怎麼來，什麼時候來，
不，它們不是聲音，它們不是
字，也不是沉默。

這首詩的題目是「詩」。詩是孕育美麗的世界，透過對話，我彷彿看到萬物之詩，許多美好事物會前來拜訪我。一如詩人所言的「而就在那種年紀」——我大約在年過四十餘之際，以對話精神，和父親的關係取得了美好，即使聊到無言的時刻，也是凝視彼此最佳的時機。

學會對話，我看人事的態度轉變了，我學會充滿好奇，漸漸的我看周遭人事物，都習慣性的好奇了。過去的我不懂對話，常以批判的態度，陷入二元對立的觀點；漸漸懂得對話之後，我的觀點變得寬闊，從對話中穿透了觀點，進入生命最核心的力量，探索到那些隱藏在事物表面之下更深處的心靈。

自此，我來到一個美麗新世界。

與孩子對話，主動開啟話題

家庭是對話的重要場域，日日發生。孩子最初對話的對象是父母，受他們教導而牙牙學語。孩子成長到某個年紀，比如國高中階段，父母會發現彼此很難溝通，要嘛是孩子虛應的順從，要嘛就開口就有怒氣。夫妻也是，彼此在外頭會字句斟酌的與同事、朋友說話，回到家卻有話直說，而惹了一方不舒服，另一方卻不自覺。

家庭是共同生活的空間，這才需要對話，藉此連結感情。於我來說，雙親上了年紀，一旦開啟某些話題，會習慣重複某一片段，夾雜著懊惱、抱怨、悔疚或自豪。我過去常感不耐煩，要父母別再說了，聽膩上百次，早就會背誦了，常鬧得不歡而散。直到我懂得對話，終於明白對話的精義，進而與手足的關係，有了大幅度的改善。因為對話，可使家族關係變得更協調。

對話練習，可以從家裡的親子開始。親子對話，除了我闡述過的，可以讓孩子懂得表達、溝通與討論，家長也容易找到練習對象。

我舉一個簡單的例子。

一日，我在家上廁所，聽見通道的門打開的聲響。五歲姪子孝宣走來，隔著木門問我：「阿伯你在做什麼？」

我回答：「正上廁所呢！有什麼事嗎？」

孩子興奮的說：「阿伯，我要跟你聊天！」

「好呀！你想聊什麼呢？」

孝宣蹲在廁所門前，想了一陣子，卻還想不出開啟聊天的話頭。

於是我開啟了話題：「你今天去上學了嗎？」

「我有去上學呀！」

「怎麼去的呀？媽媽載你去，還是幼兒園的車來載呢？」

「我坐學校的車去上學！」

我接著問孝宣：「車上有多少同學？」「你喜歡搭校車嗎？」「開車的是阿姨還是叔叔呢？」「路上有沒有看到什麼呀？」等等問題，都由我主動拋出來問話。

我們隔著一扇門，一問一答的聊著，聊到「路上有沒有看到什麼呀？」孝宣開始陳述搭車看見的景況，校車行經一宗車禍現場，話題便從這兒切入更深的層次。

回頭檢視這場對話的開始。孩子在這麼小年紀，渴望藉由聊天，來與大人連結，卻想不出要聊什麼。身為大人的我們，首先要學會等待，並主動的拋出開放性話題，會引導出美麗的人情風景。因為大人的視野較深刻寬闊，帶領孩子逐漸展開新世界。

對話的困難

我成長於戒嚴時期，這屬於「聽話系統」的環境。我從小既聽話且叛逆，這意思是有時候非常順從，有時候個性衝撞，常常在這兩個極端擺盪。**我發現愈是著重聽話的教養系統，所生養出來的孩子，愈與我有類似的狀況，學不會對話與討論，喜歡不語、服從與爭辯。**

我三十二歲到山中教書，那是一所自由的學校。學校有個特別的安排，老師每學期帶領固定的孩子，每週與他們個別談話一小時，了解生活起居、課業學習與日常活動。我記得那一小時非常難熬，常常不知所云，或者沒話找話，只希望時間趕緊過去。

我相信不少人與我相仿，從聽話系統長大的人，只要跟孩子對話，便依循過往的受教經驗，一出口就想要命令、說教、抱怨、指責，或者開玩笑……目的是要孩子聽話，彼此較少雙向交流。

比如我聽到類似的對話，就是缺乏交流：

A說：「朋友來說對我很重要，我有很多朋友。」

B回答：「我不喜歡一堆人在那兒八卦！」

上述中，B的回答，彷彿在說A很喜歡八卦。或者說，A能感受到B的回應中，傳遞了程度不一的抱怨或指責。

又比如：

甲問：「你有運動的習慣嗎？」

乙回答：「有啊！我天天去跑步！」

甲回應：「空氣很糟糕，我才不要在外面呢！」

上述中，甲的回答，對聽者乙來說不舒服，因為這不是肯定他人運動，而是否定戶外的活動。

對話的力量

以一致性的溝通，化解內在冰山

我經常看見朋友談話，都不是在對話，若不是較勁兒，就是一副不屑的鄙夷。這些談話不是直言不諱，是話中帶刺的互動，鮮少懂得欣賞他人，或者沒有深入的好奇他人。

因此，對話需要練習，需要有意識的練習，才能真正了解自己，也了解人際關係的運作，更能運用在教養上。從而讓孩子從對話中，學會覺知、發現，學會對自己負責任。

每日練習五分鐘

人與人相處，語言是連結工具，所以對話隨時可練習。與父母、朋友、手足對話，有時候並非易事，因為大人防禦心較強；但是與孩子對話很容易上手，他們很純真，善用對話很快就能與他們連結上。本書的共同作者甘耀明，與我創作本書時，看了我許多對話的小故事，很興奮的說這太簡單了！對話的用處這麼大，原來要從這裡切入呀！

我想，甘耀明悟性甚高，而且他是善於傾聽的人，對於一般人而言，對話其實不簡單。因此入門的不二法門是持續練習，並且掌握其中的訣竅，除此之外別無他法。

每天的生活中，抽出五分鐘專注對話。在肢體、語態上專注和諧，**利用短短的五分鐘，練習理解他人，學習傾聽、好奇與探索，這會使你漸漸改變以往的對話習慣，也會體悟對話的快樂。**

在傾聽對方說話時，只要專注投入，會產生好奇，這類似一位人類學家或植物學家，對觀察的對象充滿熱情。比如我與俊彥、孝宣的對話，讀者會發現，多半是好奇居多。

有些人的對話出於好奇，卻令人不舒服，這是**除了語態未注意，還有探查人隱私，或者懷著挑剔、懷著質疑的刺探，指向的並非對人的尊敬。**這比較像是報刊雜誌記者在挖八卦，出於好奇，當事者卻不悅。

因此對人的好奇，應該指向尊重，對生命的敬意。懂得好奇而不下定論，和人們對話變得有趣了，我也常有新發現。

為《心念》、《心教》與《給長耳兔的36封信》等書繪圖的辜筱茜，是我於山中任教的學生。她熱愛各種藝術，是熱情與才情兼具的創作者，常拿相機隨意拍攝，會拿照片與我分享。

姪兒拿石頭與我對話，筱茜則是拿照片與我對話。

有一次，筱茜去宜蘭玩，拿廉價的相機拍照，畫質只有兩百萬像素，拍了不少旅遊照片，她拿照片與我分享，讓我看看構圖與視野。其中一張甚為獨特，照片中央有一支電線杆，卻又不是主要景物，顯得有點兒突兀。

「筱茜呀！這張照片很特別，電線杆置於正中央。我很好奇，妳拍照時怎麼沒有避開電線杆，或者讓電線杆往鏡頭框邊靠去？妳拍照的時候，是怎麼想的呢？」我慢慢拋出我的觀察。

筱茜回憶當時的處境，與當時的思索是什麼，表達她的美學觀，陳述她的起心動念。兩人的對話過程，充滿了趣味與發現，筱茜對照相更有覺知。這使我重新欣賞照片時，有了新興味。

以好奇心態所展開的對話脈絡，除了對事件好奇，對人的選擇好奇，還可以融入薩提爾模式的冰山脈絡，展開多層次的好奇。當我對生命有了愛，有了好奇而不批判，懂得好奇而不說教，便能滋生更好的能力，以多層次好奇，面對他人的應對姿態、感受、觀點、期待與渴望。自此，我會發現人的生命力，逐漸從對話中浮現。

複述語言是好奇，也是核對

人們對話的時候，不，應該是說話的時候，常常會有反射性的語言，比如敷衍、閃躲、解釋、不信任、防禦，或者攻擊對方。要更改舊慣性，除了往自己內在探索，解除自己養成的舊系統；此外，對話時有意識的覺知自己，甚至有意識的停頓，都是必要的方式。

要解除對話的舊慣性，這裡介紹一個簡單方法：**重複他人的語言**。對話時聆聽，並且複述對方語言，**是打破舊慣性，也是一種好奇的方式，更是積極聆聽與核對**。

比如我與姪兒對話，若是懂得複述語言，語氣中帶著好奇，可能會有如下的狀況：

姪兒說：「阿伯！我撿到一顆石頭。」

「你撿到一顆石頭呀……」

「對呀！我在門口撿到的喔！」

「喔！你在門口撿到的呀？」

「對呀！石頭上面紅紅的。」

「對耶！石頭上面紅紅的。」

「阿伯！我要放在桌子上。」

「你要放在桌子上呀！」

「對呀……」

這是我模擬的狀況。有類似經驗的人會發現，當複述對方語言，對方彷彿被鼓勵了。這是因為複述語言是核對，也是想深入了解的表現。當父母師長陷入舊慣性，不知該如何接話時，不妨試著複述語言，能活絡彼此的對話。

關於複述語言，有一段有趣的插曲。

曾經有一位老闆向我抱怨，太太嫌他講話很乏味，他覺得動輒得咎，不知道如何說話才不乏味？

我開玩笑的回饋：「因為老闆你是成功人士，比較喜歡說道理，也就勤於說教，說話內容比較乏味。」

老闆困惑的說：「我分享觀念呀！分享道理呀！難道不行嗎？」

當然可以分享道理呀！只是言談間充斥道理，彷彿對人灌輸觀念，少有人能聽得下去吧！

我邀請老闆懂得傾聽，不要立刻回答，也可以重複太太語句，讓自己積極傾聽，是良好的對話方式。

我舉幾個例子示範，比如，當太太說：「我今天去了趟百貨公司……」

我邀請老闆複述語言，展現他的聆聽與好奇，複述這一段：「妳去百貨公司呀……」

如此一來，能避開反射性的慣性語言，創造新的對話模式與氣氛。老闆將信將疑，既覺得不可思議，也覺得有趣吧！他最後帶著笑容離開了。

一段時間之後，老闆與我見面了，大力稱讚這技巧法力無邊，複述語句的方式，實在簡單又美好，使用後讓太太讚不絕口。

老闆回饋了一個對話例子：

那天老闆太太回家，照例對他說：「你知道我今天去哪裡嗎？」

老闆自曝，照以前的慣性，會不耐煩的說：「鬼才想知道妳去哪裡……」

以前，他覺得這樣說話很自然，沒有惡意，只是平常的應答罷了。但是太太會反應過度，令他無奈。自從他懂得複述語句，更改了答話慣性，對話變成：「妳今天去哪裡了？」

太太很興奮的說：「我今天去M董娘家了。」

過去他的慣性語言，會反射性回：「吃飽撐著，沒事跑去M董娘家幹麼？」

這句慣性語言，依老闆過去的經驗，常令太太莫名的不高興，她若不是沉默不說話，就是先責備老闆一頓，再沉默不再說話。老闆不知道怎麼了，向來覺得是太太脾氣不好。

他如今改變了，更改過去的慣性語言，複述太太的語句：「妳去M董娘家裡呀？」

太太報八卦似的：「你知道，M董娘穿什麼衣服嗎？」

以前，他的慣性回應是：「妳管人家穿什麼衣服？干妳什麼事呀！」

如今，他更改成複述語句：「她穿什麼衣服？」

太太像透露天大的祕密：「M董娘穿超短的迷你裙耶！」

老闆再次複述：「她穿超短迷你裙呀！」

太太激動的說：「你知道嗎？她的高跟鞋有多高？」

老闆複述著：「有多高？」

太太做了一個手勢，大約三十公分，說：「竟然這麼高！」

老闆也驚訝的說：「哇，這麼高呀！」

……

太太說老闆變了，說老闆變得有趣了，太體貼了，真是太讚。老闆撓撓腦杓的對我說：「其實都是太太在說話呀！」

兩人聊天愉快，並非是誰說了什麼，而是誰懂得傾聽了，也懂得好奇，進而複述他人句子，甚至兼容並蓄的使用了兩種功能：**傾聽與好奇，能讓對話者暢所欲言。**

若是對話的內容乏味，還要複述語言嗎？複述語言是積極傾聽、好奇對方的技巧之一，不是唯一，若是單調的給人鸚鵡學舌的厭惡感，並不好。好的對話像是精彩的乒乓球互動，懂得內化各種技巧，而非單調擊球。一旦建立順暢的對話習慣，再從對話中，主動好奇對方的故事、選擇、觀點……那麼談話內容，就會漸漸變得深刻豐富了。

複述語言也有核對、緩和的作用，我在對話之中，經常使用複述語言，本書各案例應隨處可見。複述語句使用得自然，就像照鏡子，能讓對方重新接受到自己講出來的訊息，進而確認，或減少誤會。

比如，有位寄養家庭的媽媽，她曾對我說：「我們家的寄養童，實在很難管教，常常偷家裡的東西，拿到學校去賣，該怎麼辦才好？」

我複述媽媽的話：「孩子偷家裡的東西呀？」

媽媽聽了，進而釐清：「也不是偷啦！是拿家裡的漫畫啦！」

我複述對話後半部：「拿漫畫到學校去賣呀？」

媽媽聽了，又將話說得更準確：「也不是賣啦！是把家裡的漫畫，拿去學校租給同學啦！」

很多人說話太快，以抱怨的方式訴說，內容有時並不精確，當我們使用複述語句，有助於對方停頓下來，核對語意，使得傳遞出來的語言比較沒有錯誤的雜訊了。

對話語言歸納

我整理歸納了底下的句子，讀者體會一下，當你聽到時，內心有什麼感受：

- 「為什麼你……」
- 「你總是……」
- 「你應該要……」
- 「誰叫你……」
- 「我一再的強調……」
- 「每次你都是……」
- 「我早就告訴你了……」
- 「我說過多少次了……」
- 「我已經跟你說過了……」

- 「你＋否定句（不要、不行、不懂、不可以）……」
- 「跟你說幾次才會懂？」
- 「你知道你這樣很差勁嗎？」
- 「你這樣非搞壞自己不可……」

上述句子隱藏了期望人聽話的語氣，或者有抱怨、指責意涵，而不是雙向交流，尤其愈到後頭的句子，愈容易令聽者不舒服。有些人慣性這樣講，若要更改這些語言，會覺得舌頭打結，抱怨說話幹麼這麼累？畢竟改變慣性真是不易。然而要改變過去的慣性，剛開始會不順利，但經常練習，日久有功，逐漸會發現成效出來了。讀者不妨多一些覺察，這些句子或類似句型，會脫口而出是哪幾句，有了覺察就有機會改變慣性。

另外，我觀察到，在對話中展開好奇，甚多人喜歡用：「為什麼……」

「為什麼」一詞本身無問題，長久以來，「為什麼」有了豐富的意涵。但是在對話體系中，使用「為什麼」常讓人有質疑，不被信任等感覺。因此，我將「為什麼」替換成下列幾個語法：

- 「怎麼了？」
- 「還好嗎？」

● 「發生什麼事了？」

● 「我很好奇？……」

這幾個詞彙，帶有好奇與關心，卻也避開了質疑與不信任等感受，容易引導對方敘述事情的緣由，緩緩展開對話。

還有一個很好的詞彙：「怎麼辦？」

當孩子遇到問題，大人習慣為孩子想方設法，而不是讓他負責任。善於使用「怎麼辦？」，能使對話不容易打死結，幫助孩子有了覺察，進而負責任，並且多了深刻的思索。記得，使用「怎麼辦？」句式，宜放在對事件的好奇之後，效果較好。

這些對話語言，尤其運用在應對問題，是簡單且容易的小技巧。讀者可以多加揣摩。

面對問題的對話

每天撥出五分鐘對話，有意識的好奇，逐漸將對話融入慣性的應對，從生活擴充到學校、工作場域，將發現原本棘手的問題，變簡單了。這是因為從「聽話」模式改變為「對話」應對，打開了雙方視野。

我邀請父母練習對話時，先避開「問題」練習，不要一開始跟孩子談與家長期待不符的主題，諸如使用電腦上網條約、談課業落後等。初次練習對話，宜落實在日常的點滴，比如練習分享生活，練習如何傾聽與好奇。上手後，再將話題帶至深刻的範疇，等到親子的關係穩固，再去嘗試面對「問題」的對話，會更了解如何運用對話。

父母面對「問題」時，應該掌握「關心人」，而非「關心事件」，以此來好奇孩子發生的事件，好奇孩子的選擇，好奇孩子如何面對這些事件；家長有時還需要回饋規則，回饋規則時也需要好奇，好奇孩子如何思索規則，好奇孩子在規則中的應對，好奇孩子如何守規則……**必須提醒父母的是，好奇本身只是為了好奇，而不是為了解決問題。**

我舉個假設事件，示範我如何應對「問題」的對話，運用前述語句，將聽話更改為對話。

比如：孩子答應八點鐘洗澡，時間已過八點了，仍然在玩遊戲。

這可能是親子教養中，常碰觸到的規條問題，一般父母的應對，通常會出現以下四種應對模式。

●指責孩子的模式：「講幾遍了，都幾點了，還在那兒玩！」「你到底要玩到幾點?!」「你自己說好八點鐘的，結果還在那裡玩，我再也不相信你了。」「你再繼續玩，我就生氣了！」等等。

●討好孩子的模式：「我幫你找好衣服了，趕快去洗澡喔！」「好了，再玩一下下就好囉！」「你要不要去洗澡啦？不然我先洗了，我洗完出來，你就不要玩了喔！」「是不是該去洗澡啦？」等等。

●對孩子說理的模式：「要得到人家的相信，就要守信用，你要做到八點就停止玩的約定。」「人而無信，不知其可。」「只知道玩，不懂得遵守規定……」等等。

●自我打岔的模式：「好不好玩？」「玩到第幾關了？我看看。」或對孩子繼續玩遊戲，視而不見。

上面舉出的家長應對，是希望孩子聽話而已，或者忽略了問題。或許聽話模式有其效果，孩子被家長訓斥一頓後將電腦關機，但心中殘留情緒。這種情緒可能是生氣、懊惱，或是逃避，孩子無法正視規條的意義，想辦法鑽弄規則，更不可能有機會討論規條。

現在，我將這段親子互動，從聽話模式更改為對話模式，假設這孩子叫做「阿明」，如下：

「阿明，**怎麼啦？**你剛剛說八點要洗澡。**發生什麼事了？**怎麼還在這兒呢？」

在此，我再次建議才入門的父母，先將對話成為一種言語的習慣，再練習如何和孩子討論「問題」，這也是我在這小章節所強調的關鍵，從練習「日常對話」，再切入「問題對話」。因為討論「問題」，很難一開始就上手，**需要將過去的應對模式，轉為探索（好奇）孩子應對的狀況。**

回到對話示範。我歸納以往的應對經驗，當父母說了「阿明，**怎麼啦？**你剛剛說八點要洗澡……」說罷，孩子未必會關掉電腦，仍眷戀在遊戲中。

假設阿明說：「喔！再等一下！」

「……你剛剛答應我，八點要去洗澡，**怎麼啦？……**」（請注意語態的平穩，注意懂得停停頓。）

「好啦！再五分鐘就好了。」

「那五分鐘後，你就會去洗澡嗎？」

「應該會！」

「我不要應該呢！我要確定的答案……我剛剛很相信你。所以我答應你玩到八點。」

「好啦！」

「嗯……那五分鐘後，你會主動結束遊戲嗎？」

「我會！」

「好啊！謝謝你。不過，如果你沒有結束遊戲，我會將插頭拔掉，你會生氣嗎？」

「會呀！我會生氣！」（大部分的孩子，談到這裡不會生氣了，此處我模擬一個較艱難的狀況：孩子會生氣。）

「你會生氣呀！**那怎麼辦？**」

「那你不要拔掉插頭！」

「不行呢！因為你答應我的。**怎麼啦？**你答應我了，怎麼會做不到呢？」

「我會忘記……」

「你會忘記呀！那要我提醒你嗎？快到五分鐘時，我會提醒你！好嗎？」

「好呀！」

「但是五分鐘後，若是你還在玩，我會把插頭拔掉！你還是會生氣嗎？」

「這樣我不會生氣了！」（仍有極少數孩子，在此說會生氣，我們會繼續對話。）

「嗯！謝謝你呀！」

……

若是孩子說自己會生氣，我的回應：「謝謝你這麼誠實，你可以生氣，但不能罵人或摔東西……」

上述對話的模擬，是我多次處理親子議題的歸納整理，是實務經驗。當家長帶著孩子找我，提出類似的教養難題，不知如何面對「問題」之際。我會邀請孩子回到現場，模擬當時狀況，由我扮演父母角色，常常得到上述的結果。比較棘手的對話，是孩子還是會生氣，我的對話則會指向生氣的發展，允許他生氣，但是不能鬧脾氣。

若是長此以往的對話，孩子的覺知會愈來愈強，比較能遵守規則，也懂得尊重自己，自動自發的狀況會更多。

我再舉真實的例子，這是課堂事件，來說明「問題」對話是如何進行，並運用我歸納的語言。

兩位同學向某老師告狀，投訴後座的小艾在上課時不斷戳人。兩人跟小艾說過數次了，仍一直被戳，情況依舊，讓他們好困擾。

同學向老師報告此事時，小艾恰巧進教室了。

老師趁此詢問小艾，為什麼要戳人家呢？

小艾的回答是：「因為很好玩。」

老師試圖導正小艾，說：「妳覺得很好玩，人家覺得不好玩！妳知道嗎？」

小艾很不開心的回應，跟老師爭辯開來，隨後甩門離開教室。老師也覺得很無奈。

老師試圖導正孩子，絕對沒有任何問題。但是小艾對戳人的行為，自我的覺知不足，不然經由兩位同學勸告，理應會收手。或者，小艾與同學有嫌隙，無法化解，才會不斷戳人。總之，事件發展到此，老師亟欲導正小艾，常常陷入了法官判斷是非的角色，吃力不討好。在過去威權的年代，孩子都應聽話，教師主持公理與正義，絕對沒有任何問題。但是時代變遷，威權已經式微了，教師的角色常動輒得咎，常嘆師道之不復存。

教師如何運用自身角色，化解事端，這恐怕不能沿用以往的權威；若教師有寬闊的眼光，去看待教室經營，事件會迎刃而解。這時善用對話，就能讓學生有覺知。

回到此案例的事發時。面對小艾戳人，假設教師先陳述事實：「小艾……兩位同學說妳上課戳她們，有嗎？」

小艾點點頭說：「對呀！」

「怎麼啦？」

小艾回答：「因為很好玩！」

要是教師照傳統的對話，應該會這樣回應：「妳覺得很好玩，人家覺得不好玩！妳知道嗎？」

上述這句話，帶著說教與批判，已經呈現二元對立的觀點了。

若是教師的對話，改變成這樣：「小艾呀！……原來是覺得好玩呀……**我好奇的是**，妳用這種方法，想跟同學連結，也讓她們覺得好玩……是嗎？」

小艾應該會同意。

「原來……妳不是故意要讓人不舒服……是嗎？」

上述句子，我用了假設問句，屬於封閉的疑問句，納入了兩位同學的不舒服感受與小艾對此事的感受。我常以「開放問句」、「封閉問句」交錯運用，「封閉問句」多用於核對。我與小艾核對我的想法，也讓小艾感到我的接納，這樣就有更多元的視野出現。

小艾應會同意這說法。

「小艾……妳這樣會被誤解呢！……被誤解成故意讓人不舒服……原來妳只是開個玩笑，**那現在怎麼辦呢？**……她們覺得不舒服呢！」

對話的力量
以一致性的溝通，化解內在冰山

對話走到這兒，大部分的孩子應該會接受。當然也有的孩子狀況較棘手，出現複雜的對話。但教師擁有寬闊的眼光，而不是侷限二元對立的思維，對話就會有更多發展，既能導正孩子的行為，也不會讓孩子覺得受指責了。

這小章節所談的，眼尖讀者會發現，我善用**「怎麼了？」**與**「怎麼辦？」**兩個句子，並用黑體字加深印象。這兩句很受用，「怎麼了？」用以了解孩子發生了什麼事。在面對「問題」的對話，使用「怎麼辦？」，導向讓孩子思索如何為自己負責，尤其在具體傾聽、重述事件情況之後，問孩子「怎麼辦？」能引導孩子有所覺知。

關於「怎麼辦？」活用於「問題」對話，我舉例。

比如，孩子常回來抱怨，學校的同學如何……

父母不要給意見，也不要說道理，只要傾聽與對話，問問孩子的反應，問問同學的反應，對孩子的應對好奇了，最後才問問孩子：「那你怎麼辦呢？」就可以結束一場對話。

因為孩子的處境被傾聽了，心靈就會抒解了，當父母問孩子怎麼辦呢？孩子常常會說：「沒辦法呀！……」

孩子說沒辦法呀！就是對話的結束了。

若是想幫孩子出主意，告訴孩子正確觀念呢！不妨在「怎麼辦？」的對話之後，問問孩子：**「需要我幫你想辦法嗎？」「需要我幫你的忙嗎？」**

若是孩子需要，父母再提出自己的想法，但是請不要強迫孩子接受，也不要在提出建議時，一定要孩子接受建議；切記不要說服孩子，那會形成在期待、觀點上拉扯，無助於解決問題。

有位媽媽很困擾，四年級的孩子很好動，常被老師罰寫國字。孩子每次回家抱怨，媽媽很不耐煩說：「你為什麼上課要吵鬧呢？」孩子聽了，心中情緒也沒有舒緩。

母子兩人常鬧得不歡而散，問題沒有解決。

我告訴母親如何使用對話的精神。當母親學會了，回家與孩子應對，以專注和諧的姿態面對孩子，情況有了轉變。

這天，孩子回家又抱怨了，老師罰他寫二十八行。

媽媽和諧的問：「怎麼啦？」

孩子開始抱怨了。這一次媽媽不指導，也不說教了，只是安靜的傾聽，只是靜靜的給予支持，關注孩子的情緒。媽媽最後問孩子：「那怎麼辦呢？」

孩子雖然很無奈，但是卻乖乖去寫作業了。

媽媽事後跟我分享，孩子那天寫完功課，自動過來說：「媽媽妳怎麼了？今天有點兒怪怪的！」

所謂「媽媽有點奇怪」，只是媽媽使用對話，就改變了氣氛與關係。孩子習慣過去的應對，但慣性的母子互動對事情無助，雙方有些無奈。母親使用對話之後，迥異於以往的應對，親子互動更和諧，孩子覺得自己被理解，除了乖乖寫作業，學校的憤怒狀況也少了。媽媽覺得這改變簡直不可思議。

我在《心教》一書，第一篇〈憤怒的少年也有柔軟〉寫的是小柏的故事。小柏做錯事，本來很抗拒對話，最後願意去向老師道歉，原因是我最後用的問句就是：**「怎麼辦？」**

我將這段話重錄於後：

「學校打電話來了，說你在學校嗆老師，這是校規不允許的，聽起來有一些棘手，**你看應該怎麼面對？**」

當我問完「怎麼面對？」，導向讓孩子思索如何為自己負責。小柏難過起來，眼淚大量湧出來，主動說隔天要去學校跟老師道歉。讀者可以去找《心教》閱讀，更能了解事發前後，我如何切入對話的脈絡（參見《心教》第四十—五十頁）。

同時在《心教》書中，有一位新加坡孩子，不想為華文努力，華文形同放棄了。我在對話中，發現孩子因為華文成績低落，感到難過。接下來的對話，我亦重錄於後面（參見《心教》第二百四十六頁）：

我問：「那你為這個難過做了什麼？」

男孩說：「就是想而已，但是卻沒有碰它。」

我問：「謝謝你那麼坦誠，和我說了這麼多感覺和想法。**那怎麼辦呢？**你有答案嗎？我聽到你很想讀好華文，但是你沒有做到，你的父親又責怪你，你似乎陷入了一個困境，怎麼會這樣呢？」

當下，孩子決定好好面對華文，每天為自己設定學習時間，為自己的功課盡一份力量。

「怎麼辦？」會讓孩子想想自己的處境，以及如何面對困境。大人使用「怎麼辦？」句子，不與孩子對立了，也願意幫助孩子了。孩子自此能獨立思索，想想該如何面對了，不是嗎？

對話必須是從馬步練習

父母一開始練習對話，往往擔心無話可說，或陷入過去的僵局。

因此，我羅列上述方法：重複對方語言。善用：「怎麼啦？」「怎麼了？」「還好嗎？」「發生什麼了？」「我很好奇？」「怎麼辦？」練習好奇、好奇事件、好奇選擇，會發現對話很有趣。

父母一旦使用對話，並且掌握我認為很重要的教養策略——**「專注和諧的對話」**，會發現教養問題簡單多了，能化解許多問題。但培養這些能力，絕對在於日常多練習，才能內化成自然的習慣。最終，有心的家長或教師，不妨每日設定，以五分鐘的練習起步，從日常的好奇對話做起，天下每種功夫都要花時間的，深信日久有功。

我的意思是……

二〇一五年冬天，我記得一幕場景。

胞妹一家人回娘家，帶孩子們去公園玩耍。下午要返回台北的住家，胞妹催促著孩子回家。四歲半的外甥女三三，玩得起勁，還想再玩溜滑梯呢！玩興被媽媽打斷，實在太掃興了，不斷央求著：「媽媽，我要玩溜滑梯……」

媽媽說：「下次再玩好不好？」

三三當然不依，纏著媽媽，哭鬧著……

媽媽說：「今天來不及了呀！我們要回台北，下次再玩，好不好？」

只見三三哭鬧著，要盡了脾氣，就是想留下來玩溜滑梯，怎麼說都不願意離開。孩子的哭鬧，很容易引起大人的焦躁。媽媽沒轍了，轉過頭來，半開玩笑且半無奈的問我：「教育家！這怎麼辦？」

我也半開玩笑，說：「妳不是問她『好不好嗎』，三三說『不好』啦！怎麼還問我呢？」

這場對話，我自有應對的方式，並在這篇文章後頭稍作說明。或許，讀者可以先想想，是否與胞妹有類似經驗，大人有一個規則，或有期待需進行，應該如何跟孩子對話？

在此需說明的是：人與人的對話中，常常存在模糊、不確定的語意，卻期待對方同意自己的需求，在溝通中被稱為：「曖昧溝通」。媽媽明白要孩子別玩，卻以詢問、徵求意見似的問：「好不好？」這就是曖昧溝通。

父母以徵詢意見的語言，換來非預期的答案，卻又不善罷甘休，搞得氣氛很僵。這也讓成長期的孩子，對父母漸漸產生幾種的應對伎倆：不信任、逃避、抗拒、吵鬧、迂迴的姿態。

尤其當孩子執意堅持意見、堅持行為、堅持期待時，以較強姿態回應，親子衝突漸漸產生了。

不明確的語意・生活篇

在某個場合，我和一對母女相遇，彼此小聊親子的互動，交換教養意見。到了午餐時間，母女的互動，令我看到一幕值得深思的對話。讀者閱讀本文時，可稍微停留在我舉的案例思索，自身該如何應對。

始末是這樣的：

當時已經接近中午，媽媽轉頭，徵詢女兒的意見，態度很開放的說：「今天中午想吃什麼？媽媽都答應妳。」

天真的女兒，年紀只有八歲，特別向媽媽核對：「吃什麼都可以嗎？」

媽媽不假思索的答應了：「妳說吧！今天中午開放妳選擇，想吃什麼都可以！」

媽媽說得很大方，很豪邁呀！

但是，真相卻不是如此，讓我們繼續看下去……

女兒以手指頭敲著下巴，開始了漫長的思索，天真爛漫，那畫面真是太可愛了。時間拖好久了，女兒遲遲無法決定。

媽媽有點兒不高興了，帶著怒意又無奈說：「平常意見特別多，真要妳自由選擇了，又說不出來。」

媽媽的焦慮，女兒的天真，有著天壤之別。我人正在現場，目睹這一幕，母女間的圖像有強烈的對比。

過了一陣子，女兒眼神突然一亮，說：「媽咪，我知道要吃什麼了？」

媽媽催促著：「快說，要吃什麼？」

女兒開心說：「媽咪！我想要吃鹽酥雞。」

這回輪到媽媽猶豫了，只見她眉頭皺緊、面有難色，彷彿是剛剛女兒的抉擇表情，說：「妹妹呀！妳也知道，媽媽常常跟妳說，鹽酥雞是油炸的，很不健康，現在是午餐吶！不要吃鹽酥雞，好不好？」

我後來得知，女兒前一晚想吃鹽酥雞，媽媽沒答應她，才想以鹽酥雞當午餐吧！

女兒非常貼心，答應不吃鹽酥雞，繼續思索要吃什麼？時間拖好久了，女兒又遲遲無法決定。一旁等待的媽媽，顯得有點兒急，催促了幾次，除了鹽酥雞都答應。

女兒在催促之下，仍然認真思考，最後開心說：「媽媽！我想吃布丁！」

這回媽媽忍不住了，怒氣回應：「妳要死啦！中午吃布丁，不准！要妳選個午餐，妳給我選這些不營養的東西……」

被潑了一桶冷水的女兒，很無辜吧，看著盛怒的媽媽，腦子應該困惑吧！不是要我隨意選擇嗎？怎麼選了都被拒絕呢。我私自揣測，她腦海應該不斷迴響媽媽的話：**「今天中午想吃什麼？媽媽都答應妳……」**

女兒應該有好多困惑吧！她從母女的互動中，學會了什麼呢？我覺得女兒應該學會了：不要相信大人，學會說「不知道」！學會說「都好」！學會了不表達意見，學會給大人安全的答案，學會了莫名的自責。這些都是較安全的選項，或者理所當然的「應該」聽從媽媽吧！

身為一個孩子，還可以相信父母嗎？還是父母只想聽標準答案？原來標準答案，不只在考試卷裡，也在日常生活的考驗裡呀！

我最常聽見孩子的困惑，是父母常說他們：「你都長這麼大了……」「你年紀還小……」到底孩子是年紀大？還是年紀小呢？父母的期待是什麼呢？能不能說得更直接呢？這使孩子常陷在迷惑中呢。

不明確的語意・教室篇

在課堂，教師也會說出「模糊的語意」，語帶詢問，但心意並非如此。尤其當

對話的力量

以一致性的溝通，化解內在冰山

教室吵吵鬧鬧，學生不專心上課，教師有責任處理，卻經常以憤怒、焦躁、無奈、委屈的語態說：

「可不可以不要講話？」

「能不能安靜一點兒？」

「要不要下課再說？」

「不要再吵了，好不好？」

「拜託，你們安靜好嗎？」

使用這些語言的老師，也許收到小效果，但不久，課堂又失序。接著教師說出相似的語言，摻雜各種情緒，又暫時將教室秩序壓下來。久而久之，會發現教室根本無法安靜，漸漸又吵鬧起來了，教師每隔一段時間得再說一次，不斷中斷課堂處理。

除了教師的語態之外，語意中的詢問，彷彿學生才是主體，有權利不答應教師。

於是，孩子理所當然繼續講話，繼續吵鬧，不肯安靜……

原來「可不可以不要講話？」其實不是問句，而是背後隱藏一個答案。既然如此，教師可能困惑著，如何真切的表達自己的意思？這問題，我在本文末會寫出自己的回應方式，讀者在此也可思索自身如何應對。

同樣的場景，我也在演講場合見識過。

我應某學校之邀，參加「作家有約」活動。到達會場時，一位作家還在講台上分享呢！可能時間延長，聽講的秩序有點兒凌亂。

作家結束了分享，老師上來做結尾，刻意問現場的孩子們：「今天的作家演講好不好聽？」

聽見老師這樣問，我著實捏了一把冷汗，心想孩子能回答真心話嗎？若是孩子回答不好聽，老師要如何應對呢？

果真如此，有一位學生坐在最前排位置，搖晃著身軀，說：「不好聽……」這樣大膽且真誠的回應，引來眾學生的笑聲，也讓作家尷尬極了。

老師連忙圓場，有點窘迫的說：「你剛剛有認真聽嗎？」

原來學生面對這些問題，不能有自己的答案。這樣的對話模式，在權力落差的位階，下者常沉默不言，知道自己要謹慎，最好不要發表個人的意見，不然得要揣測上意，免得惹禍上身。

所以，教師擔任主持人，若明白孩子真實的回答，會讓來賓下不了台，那請斟酌不要以場面話提問，以免孩子回應了真心話，徒增了場面的尷尬。那麼主持人該怎麼辦呢？我認為只要表達自己訊息，對講者表達感謝即可。

該怎麼說才好呢？

針對本章懸而未決的三個事件，我提出個人的應對方式：

●媽媽心中有了決定，應該直接說出。

三三要玩溜滑梯，眼見沒有時間讓她逗留了，媽媽應直接簡單的說：「不能去玩……」

必須理解的是，家長這樣說，問題也不會立即解決，孩子仍舊有情緒。因為幼兒的成長，從理所當然的認知，逐漸學習如何認識世界，幼兒理當享權，當期待沒得到滿足，就有情緒性的表達。父母需學習如何應對，當幼兒丟出情緒教養的習題。

針對此，我會在此書章節〈在情緒裡對話〉詳細說明，如何以「停頓」的語氣技巧回應狀況。

●若想要給孩子更多的選擇呢？比如中餐的選擇，媽媽要如何表達明確的語意呢？

我羅列了幾種說法：

「媽媽中午想吃□□□，妳想吃嗎？」

「妳中午想吃什麼呢？說出來聽聽，媽媽看適不適合？」

「中餐想吃什麼呢？來跟媽媽討論一下吧！」

媽媽可以表達自己的開放，與女兒一起討論，看看女兒想要吃什麼？而不是開放的詢問後，卻不給討論空間，或生氣的拒絕。

●課堂的秩序維持，教師是維持者，因此語意應明確，語態需堅定，陳述課室的規則：「請安靜！說話的同學，我會請你站起來。」

教師陳述完畢，如果學生再犯，需要明確執行規則。

即便遇到孩子抗拒，或者有異議，教師也因為守住了底線，守住了自己的責任與權利，才能進行下一步驟的對話。

從感受中探索與安頓

對話卡住了，不知道如何進行探索，怎麼辦？

對話這門藝術像所有我們所見的技術，從初階的「好奇」對話入門，再進入「問題」對話；從實例累積經驗，突破這關，還有下關。我們沿著對話所創造出來的生命景觀，到了每個彎道都是挑戰，通過便有好風景。如果已有火候，要精進下個境界，相信不少人會卡在某個彎道，這卡住的瓶頸通常是無法「用對話更深入的探索對方」，不斷停滯在某個對話層次絞繞，就是切不到深處。

與人對話，卻「自己卡住了」，雖然對話仍在進行，卻暗示探索減弱了，也不知道接下來該如何安頓對方。對話的目的是幫助對方覺察，自己先卡住，折騰反覆，想必對話的品質無法提升。

據我多年經驗，對話要來到新境界，要切入對方深處，蹊徑在於「進入對方的感受，並在感受裡工作」。進入對方的「感受」探索，並安頓對方，這是較難的挑戰，一旦摸索到這道脈門，對談將轉入深層，柳暗花明。要如何進入對方感受，是對話這門功夫的竅門，我必須放在本書的後頭說明，也就是在這章節深入闡述。

進入對方的感受，是我從薩提爾模式學習到，並探索出的管道。這管道可以開展深層對話，能運用在自我探索、幫助他人覺察，以及安頓他人情緒。一般人掌握這竅門，可以簡單運用在人際溝通與教養，常獲致有別於以往的經驗。若是精深於「感受對話」，內則妥善安頓自己感受，外則有益於人際關係的溝通，更能運用於學校、企業、關係的對話，改善效率低的傳統溝通方式。

除此之外，我將「感受對話」的管道，運用於閱讀與書寫中，並與「體驗性對話」連結，使得邏輯思維寬廣，觀點更深邃廣博，已有多年實作經驗。這部分將在《閱讀深動力》一書呈現。

薩提爾女士善於溝通，浸潤當時各大心理學門派，統整出一套模式，在世界各地傳布成長模式。處於美蘇對抗的冷戰時期，她曾經有一個期待，願意從中協助美國與蘇聯對話。冷戰時期美蘇對話，應該是最高難度的溝通。薩提爾女士願意這樣做，流露她對世界和平的期待之外，也說明對話能展開新世界觀，打開二元對立的死結。

薩提爾女士的應對方式，擁有穿透問題的能力，被尊稱為「家族治療的哥倫布」。約翰・貝曼跟隨薩提爾女士二十餘年，將薩提爾女士運用的方式予以脈絡化，就是一般所熟悉的「薩提爾模式」。

薩提爾模式是一個人性化的模式，每個學習者都有各自領略，不一定有相同體驗與詮釋。這幾年來，我從薩提爾模式中，領略最多的是「冰山理論」，從感受層次看見一個美麗新世界，也是我較能拿出來分享的體悟。

求生存與愛的能量

為何在感受中對話，能獲致巨大的效果？

容許我再從理論說起，佐以個人實務經驗，讀者更能夠了解。照薩提爾模式的解釋，人的生存成長有兩種世界觀，一種是「階級模式」，另一種是「成長模式」。

從聽話系統成長的孩子，多半發展出「階級模式」的世界觀，人為了要存活下去，會激發出求生存的能量，這種求生存的姿態，即是薩提爾模式的四種應對姿態：指責、討好、超理智與打岔。

若是「對話系統」中成長的孩子，則有「成長模式」的世界觀，激發出來的是成長能量，成長的姿態是一致性。所謂「成長」的能量，是一種「愛」的正向力量；與此相對的是「求生存」的能量，是一種從「恐懼」激發的能量，雖然令人長大，但是生命殘留著匱乏感的陰影。

我的好友張天安老師，亦是我切磋薩提爾模式的同儕學習，他對「階級模式」與「成長模式」感受深切，爬梳個人思維，進而解釋成「匱乏感」與「滿足感」兩種能量模式，鞭辟入裡。

我將張天安的解釋，整理羅列如下：

我們的成長、學習和工作，有兩種動力模式，一個是運用你的「匱乏感」，另一個是運用你的「滿足感」。

過去，傳統的主流社會中，父母總是教導我們以「匱乏感」作為動力，希望子女更上進，用「你做得不夠好」、「你擁有得不夠多，包括物質和能力、特質」來驅使你更努力、更認真。久而久之，作為孩子的我們，就得到一個結論「我不夠好」，甚至是「我永遠不夠好」的結論。雖然促使人行動中有一股「求生存」的能量，卻也產生巨大問題：「我必須永遠感覺匱乏」，這成為一種習慣，成為一輩子擺脫不掉的感覺。因為永遠感覺不夠，我才會努力往前，否則就會怠惰而一事無成，這是一種「恐懼」的驅動。悲哀的是我們的意識，已經認為理所當然，也缺少能力明辨。

另一種模式提供「滿足感」，就現有的條件感覺到富足、有能力，面對問題與挑戰時，可以更有「安全感」、更有自信運用自己的能力和資源，面對眼前的問題和挑戰。就長期發展而言，在豐足與安全的情況下，停滯、不成長，是無趣無聊的，會產生一股探索、冒險的成長動力，嘗試去發展自己，帶著一種好奇、興奮的心情，看看自己可以創造出什麼或發展出什麼，也擁有創造的能力。

我們可以思考：我們要有怎樣的人生？要孩子有什麼樣的人生？選擇什麼樣的世界觀、運用什麼樣的能量、什麼樣感受？作為上進努力的動力。

感受是一種本能

上述的文字說明，對於大部分的人來說，不易理解其中奧妙，原由是我們習慣用思考理解世界，理解萬事萬物。為何會有這樣結果？主要原因是，人類的文明多半強調思考的重要，以頭腦、邏輯、理性去看待人事物，忽略感受層次的運轉，也就難以「感受」存有。

若要談感受的層次，就要有所「感受」，而不是思考裡談論的「感受」，即是薩提爾模式談的「體驗性」。

我在《麥田裡的老師》與《心教》兩本書，著墨於感受層次的對話，以及它運用在教養上的重要性，並且舉出甚多實例個案，示範如何切入「感受」，進入「深層感受」（渴望層次）的對話。甚多人讀了之後，向我回饋，如此對話令人出乎意料的順利。

我在二〇一六年閱讀數本書，其中對彼得・列文（Peter A. Levine）博士的論述印象深刻。彼得以科學的論證，剖析感受與頭腦的關係，曾獲二〇一〇年美國身心治療協會（USABP）的終生成就獎，擁有生物物理與心理學雙博士學位。他從生物學與心理學，談論人類對情緒的認識，談論人如何擁有感受。我從他的論述中，對感受有更深一層的理解。

列文博士詳列人的大腦演變，分屬三個時期的進化：最早的是爬蟲類的腦（腦幹），掌管的是直覺；當生物進化到哺乳類，腦就有了主管情緒的邊緣系統；生物進化到高級哺乳類，大腦皮層有分層結構，各層有其模式，而新皮質的兩側半球，使人類擁有語言、邏輯與理性的能力。

動物大腦擁有情緒本能，狗看見有人靠近地盤，會憤怒，猛吠示警。老鼠生性膽怯，有生物靠近，易生緊張，竄逃不見了。各種生物以各自情緒，爭取自己在生物圈的競爭力與生存。人也有情緒，應付外在環境求得生存，看看小嬰兒餓了就嚎啕大哭，以喚取母親餵哺奶水，這就是用情緒求生；但是漸長，人慢慢受社會化制約之後，情緒經常被理性干預，因而壓抑在身體裡。

感官有其作用，身體的感覺、心裡的情緒，都是一種能量。我觀察有些人，經常感到煩躁、煩悶、不安、緊張……或者有些人，甚難接觸自己的情緒，都是在「理性」層次干預了這股能量。比如孩子有了情緒，大人告訴孩子：「不要生氣。」「不要難過。」「不要害怕。」「不要緊張。」「不要怎樣怎樣。」……無疑都是在否定這股能量，而不是在引導這股能量。

如何引導這股能量呢？幫助情緒與邏輯連結，導引內在情緒，讓情緒能量有個出口，並且是健康的出口，這很重要。這就是說，藉由對話讓對方覺察內在層次的感受，並宣洩能量，能開啟新景觀。

給感受一個名字

宮崎駿動畫《神隱少女》，曾經獲得柏林影展金熊獎。女主角荻野千尋，誤闖結界，進到湯婆婆的溫泉湯屋，名字被沒收了。所幸千尋受白龍保護。白龍偷偷拿著她的名字，交給荻野千尋，吩咐她不要忘記自己名字，大意是說：「妳要記得自己的名字，否則回不了陽界，成為一介孤魂野鬼。」

白龍說「要記得自己名字」，我們記得自己的名字嗎？我的意思不是指身分證上的名字，而是每天在我們體內運作的情緒，它們都有名字，諸如：害怕、難過、興奮、喜悅、不安、煩悶、緊張、生氣、沮喪、無奈、寧靜、著迷……都被自己清楚知道嗎？若不能被覺察、承認與接納，情緒就會不見嗎？答案顯然是否定的。

要如何覺察自己的情緒，進而承認與接納？首先得知道情緒的存在，給予情緒一個名字，才不會讓情緒亂竄，成為胸口煩悶、不安、焦慮的不定時炸彈，才不會輕易引發生氣、憂鬱與焦慮。

很多人講話激動，是憤怒的情緒作祟，當人們要他別動怒，他反而說自己沒有生氣。憤怒的情緒不被覺知，憤怒就在體內亂竄，若不給憤怒一個名字，憤怒沒有名分，就無法安置了，也無法解決憤怒。

當情緒有了名字，才有可能探索情緒由來，安全的疏導情緒，或者將情緒安頓下來。情緒為何不被重視？因為大腦刻意忽略之，認為情緒是不好的產物，是生存競爭的障礙。或者說，情緒騙過頭腦的認知系統，負能量卻始終奔流，在體內持續運作，自己始終有個情緒作祟而不自知。

如何給情緒一個名字，並安頓之，我舉個例子說明。

有一位五十歲的老師，曾經問我如何減緩焦慮？他只要一上台表演，內在就焦慮不安，影響了舞台表現。

這位老師知道自己有焦慮了，這是覺知自己的情緒。

我反問老師，如何應對焦慮呢？

老師說：「我會克服焦慮，把最好的一面拿出來，自己一定要加油！」

若是這樣做，便能減緩焦慮，那麼老師就不會對我提問了。問題是焦慮始終伴隨他，他一直告訴自己「克服焦慮」，卻始終感到焦慮呀！當他告訴自己要「克服焦慮」，其實是期待不被焦慮干擾，當自己的期待未被滿足，接著會衍生沮喪與失落；情緒又衍生其他情緒，內在更複雜，焦慮也沒有改善。

我邀請他，承認與接納自己的焦慮，在深呼吸之後，並邀他學著我說了這段話：**「我願意接納這份焦慮，也謝謝自己這麼勇敢，並未被焦慮淹沒，還願意上台**

表演……」

老師對自己說完這句話，眼眶紅了，原來焦慮的情緒背後，還有隱藏著一股難過，可能難過自己未克服焦慮！然而，自己這麼對自己說，也就接納自己的焦慮了，焦慮的情緒就少掉大半了。

我經常跟孩子對話，當我邀請孩子覺察焦慮，接納焦慮的自己，孩子的眼淚往往滑落，感覺到深深的悲傷與放鬆。我幫助孩子覺察，並適時用語言引導，這就是藉由「對話」引導對方的皮質層再次運作，疏導內在的情緒，也是一種對情緒的認知。

我在《麥田裡的老師》與《心教》兩本書，多次提及如何安頓情緒，本章後續羅列的案例，則是在教養上實際運用。各位在閱讀本章下列的三個案例時，不妨將針對「感受提問」，視為探索孩子的感受，給感受一個名字，並將「我知道你難過……」「我知道你生氣……」視為疏導孩子情緒的方式，**只是若單純想解決情緒，那就不是真正的同理，也未真正接納孩子的情緒了。**

從感受中的探索

在感受中探索，是一條簡易道路，卻也是一個複雜工程。這意思是，與人對話像進入對方內在森林小徑，小徑有人徑與獸徑，如棋盤星羅密布。每條路徑就是一個對話路徑，彎曲複雜，雜草荒煙，連這座森林的主人都未必能了解，何況要走進森林進行對話的旁人，多麼複雜。但是只要找「感受」的對話路徑，就簡單多了。

我在此羅列一些案例，來談感受的對話脈絡，俾便讀者能粗略了解。

對話範例一

有位媽媽來求助，她六歲的孩子拒絕去幼兒園。媽媽的期待是：如何讓孩子乖乖上學？

我問媽媽，怎麼辦呢？當孩子哭鬧不進校門？

媽媽表示，不管孩子抗拒，仍舊帶孩子去上課，只是孩子到了校門口仍不斷哭鬧。

我問媽媽，當時是何感受？

媽媽說，內在很憤怒。

我探索這個生氣，問媽媽生氣什麼呢？

她說，生氣孩子不上學。

我問媽媽，還有生誰的氣嗎？

媽媽想一想，生氣自己沒教好孩子。

生氣是應對孩子哭鬧而衍生。她生氣的對象有兩方，既是生氣孩子，又是生氣自己。但這兩種生氣情緒，若不是經由旁人探索，媽媽可能不覺知，她仍舊在行為上以慣性應對。既然情緒不被覺知，媽媽應對孩子的行為，往往不會得到好結果。

媽媽的慣性是什麼呢？我繼續問媽媽，當孩子哭鬧著不進校門，媽媽做了什麼呢？

媽媽回答，她便轉身離開了。

我又問媽媽，她轉身離開之後，心裡有什麼感覺呢？

媽媽瞬間淚流滿面，哭著說自己很難過，很自責自己怎麼那麼殘忍。

媽媽期望得到什麼呢？她這時回答我：「希望能夠學習，好好跟孩子談話……」

這是一場談話的片段，後面的對話我不便分享。在這場談話中，呈現我如何進行「感受對話」，**我探索媽媽的情緒路徑，從中探索出生氣，讓她覺知是氣孩子與氣自己，繼而感到難過、自責。接著，將情緒轉入媽媽對於談話的期待，改變成自己能負責的「該如何跟孩子對話」**。至於如何與孩子對話，自然是這整本書談論的了。

這樣的對話，有助於幫助當事人覺察，有助於當事人負責任。

對話範例二

十歲的孩子初次來作文班，在大廳卻臨時打退堂鼓，不想進教室上課了。他告訴媽媽，今天不上課了，他下一週才要開始上課。

媽媽或作文教師要說服他，或詢問原因。孩子始終搖頭以對，默不作聲，媽媽只好向一旁的我求助。

我蹲下身子，與孩子同身高，專注的看著孩子的臉，並且感覺自己面對此事時，內心和諧寧靜。我問孩子：「剛剛聽媽媽說，你今天不想上課，下週才要上課，是嗎？」

孩子點點頭。

我問：「怎麼了嗎？」

孩子並未回答，我也只是安靜的等待。

彼此安靜五秒鐘之後，我詢問他：「假如你今天去上課，會感到不安嗎？會緊張嗎？還是害怕？還是其他的？」

我此處探索的選項，都是從情緒出發的，並且在每個「不安、緊張、害怕或其他」選項，停頓兩秒鐘，以便對方找到自己當下情緒的「名字」。值得注意的是，我這是使用封閉提問，讓對方覺知，核對感受，這也是在感受中工作。所謂封閉提問是在問句中給了誘導性選項，有點像選擇題。我先問了孩子「怎麼了？」開放性提問，但是孩子無法覺察到情緒的流動，我才給了封閉性提問：「是不安、緊張、害怕或其他？」這是小技巧。

孩子終於說話了：「我會害怕。」

我謝謝孩子的坦誠，並且詢問他怕什麼呢？

孩子聽見我的詢問，又是默不作聲。時間安靜了約五秒鐘，我繼續問他，這是以他的答案「害怕」為基礎的提問，屬於有選項的封閉提問：「怕老師很凶嗎？怕上課很無聊？還是怕寫不出來？或者是怕其他的呢？」

孩子開口說了：「我怕寫不出來。」

原來孩子怕寫不出文章，因此不願意上課，除了心中充滿害怕，自己也說不出口。如果大人不在感受上對話，而是丟給孩子：「這有什麼好怕？」「你幾年級了，勇敢點。」的說理，孩子仍無法面對自己的情緒。又如果大人說：「不然下次再來上課。」下次孩子可能還是無法進入教室。

我問孩子：「那我教你一個方法，你要聽聽看嗎？」

我要協助孩子，**跟孩子核對一個目標**，而非我單方面提意見。

孩子點點頭，表示自己願意聽聽看。

我謝謝他的接納以後，便將方法告訴他。我邀請他寫爛文章，期待他想到什麼寫什麼，什麼東西都可以寫。我在當下還說出一位學生寫過的爛文章內容，孩子笑得前俯後仰。

我問他：「你今天敢寫爛文章嗎？就算寫不出來，也已經大膽嘗試了，你要試試看嗎？」

孩子點點頭，立刻進教室去了。

這個範例的對話，是從感受中探索，從而開啟了一個對話的空間。這正是我所闡述的，如果進入對方「感受」的工作，從對方的「感受」中探索，並以此安頓對方，對話品質會更好。

對話範例三

寄養媽媽問我：「我們家的寄養童，實在很難管教，該怎麼辦才好？」

我：「說一個事件給我聽吧！」

媽媽：「老師！事件太多了啦！我記不起來。」

我：「事件太多，記不起來呀？妳試著想一個吧！想一個最近發生的。」

寄養媽媽：「他常常偷家裡的東西，拿到學校去賣，該怎麼辦才好？」

我複述媽媽的話：「是孩子偷家裡的東西呀？」

媽媽聽了，突然想起來：「也不是偷啦！是拿家裡的漫畫啦！」

我再次複述對話的後半部：「拿漫畫到學校去賣呀？」

媽媽將話說得更準確：「也不是賣啦！是把家裡的漫畫，拿去學校租給同學啦！」

我重複核對：「所以寄養童拿家裡漫畫，去學校租給同學？」

媽媽說：「對啦！他拿家裡的漫畫書，去學校租給同學看，一本收十元啦！」

我問：「他的行為，有什麼問題？」

媽媽急著回答：「當然有問題呀！他們老師說，他怎麼突然有那麼多錢，才打電話問我。」

我從這項訊息，重複核對，將孩子的行為整理成：「他拿家裡的漫畫書，去學校租給同學看，一本收十元。」我接著問，也重新核對問題：「這樣的問題是什麼呢？」

在核對之後，我得出了一個新的理解。

媽媽說：「老師，問題很大耶！他要錢，可以跟我要呀！怎麼可以拿書租給同學賺錢？」

我：「妳的意思是，他租書給同學這件事，對妳而言是有問題的。」

媽媽：「當然有問題呀！」

我：「那個問題是……」

媽媽：「老師說，他突然有那麼多錢呀！」

我擷取一段話核對：「那個問題是……他不應該租書給同學嗎？」

媽媽：「對呀！」

我：「租書給同學的問題是……」

媽媽：「他這樣子很不應該呀！他沒有錢，應該跟我講呀！怎麼可以這樣子把書租給同學。」

我的核對不止一次，幾次的核對才理解她。

我：「嗯！謝謝妳呀！這麼有耐心說明，我終於明白了一點兒。」

接下來，我邀請媽媽先深呼吸。深呼吸的動作，是與自己的感受連結，讓她在頭腦打轉的狀況，能夠脫離思緒的綁架，漸漸沉澱下來。這樣做，以便我待會進入對方的感受裡工作。

媽媽聽了我的建議，深呼吸了幾次。

這時我擷取資訊，在媽媽的感受上探索，探索感受要有體驗性，因此我說話更緩慢：「當老師打電話來，說孩子突然有錢，才知道他拿家裡的漫畫書，到學校租給同學賺來的，**聽到這個訊息之後，妳的感覺是……**」

媽媽：「我很不舒服呀！」

我：「慢慢告訴我，妳的不舒服，妳再深呼吸一次，**那種不舒服的情緒是生氣？害怕？興奮？還是難過……**」

媽媽：「我很難過呀！」

我：「**跟妳的難過在一起，在心裡跟自己說：『我聽到這個訊息，感到有一點兒難過』，請接受自己的感覺。**」

媽媽聞言，照做了。

一陣子時間，我緩緩的問：「告訴我妳的難過。」

顯然的，媽媽還在頭腦認知，感受還未深刻體驗，才說：「我也不知道自己在難過什麼？」

因此我邀請媽媽：「妳再跟自己的難過，在一起吧！這一次，久一點兒。」

媽媽閉起眼睛，照著我的話做了。

我此時將心中的臆測，跟媽媽核對：「我有個猜測，關於妳的難過，妳聽聽看是不是這樣？」

媽媽立刻點點頭。

我整理孩子的狀況，說：「當孩子租書賺錢，**妳會覺得孩子如此，妳當一個寄養媽媽，很沒有價值嗎？**」

媽媽立刻點頭稱是，並且表達：「對呀！這樣我很受傷。」

我：「**說說看這個受傷。**」

媽媽：「他要錢應該來跟我拿呀！怎麼可以用這種方法。」

我：「你的意思是，當他用這樣的方法賺錢，妳覺得自己不是個好媽媽？」

媽媽脫口而出：「對呀！」

我：「告訴我，妳是個盡職的媽媽嗎？是個認真的媽媽？」

媽媽立刻回答：「我都是啊！」

我：「我很好奇，孩子拿漫畫書出租賺錢，妳是否覺得自己不被重視，沒有盡好責任呢？」

媽媽：「對呀！」

我：「我好奇的是，妳不是個盡職的媽媽嗎？怎麼孩子這樣做，就決定了妳自己沒盡好責任呢！發生什麼了嗎？妳父母以往對妳很嚴格嗎？」

寄養媽媽聽到這兒，突然眼淚決堤了，大聲哭訴著說：「爸爸很愛我，但是他對我很嚴格。」

這就是隱藏於媽媽心靈裡，也隱藏在身體裡的難過、委屈與憤怒，被頭腦的慣性思維困住了。

媽媽放聲大哭，繼而泣訴著說，年幼時家裡貧窮，她在家中是大姊，要照顧很多人。在國小二年級時，她數學考不好，爸爸在地上畫了一個圈，要她蹲在圈圈中算數學，算會了才放她出來。她委屈的帶出幼時記憶，愈說愈多故事，眼淚也愈來愈多，泣訴著自己二年級時，還要背著小弟弟，看見人家在玩跳房子，還要背著弟弟玩遊戲……

我好奇的探索媽媽，詢問她：「以妳現在來看，會怎麼安慰當年的自己？那個小小的孩子呢？」

媽媽說：「一切都會過去的，妳要堅強一點兒。」

「一切都會過去的，要堅強一點兒。」我將媽媽說的話，以安慰的口吻對她重複說。**然後我問她，聽了這安慰，有什麼感覺。**

媽媽更難過了，一股難以遏抑的情緒在身體流動，淚水又來了，覺得自己很委屈，也很無助。

這是媽媽童年的經驗，為了要求得生存，她面對感受的方式，就是用階級模式的應對，忽略自己的難過，以說教的方式要求自己「妳要堅強點，一切會過去的」來迎合困境，但內心委屈不已。這就是常人的應對程式，用理性思維，在階級模式裡應對難過，其實無助於人的成長。

接下來，我很好奇，媽媽會怎麼看二年級的自己呢？我探索她的看法，當她被要求重算數學，被要求蹲在圈圈裡算數學，她怎麼看待那個小女孩。

媽媽說：「怎麼這麼笨？連這個也不會。」

在此看出，媽媽頭腦的概念，吸收了爸爸曾經對她指責的「怎麼這麼笨」這句話，並回過頭來用這句話指責自己，很多年後仍然深烙在思維模式。但這並未讓她更好，反而讓她更沮喪。

我跟媽媽對話到這兒，問她有什麼感受與想法？

媽媽坦承有點兒混亂，她卻說很奇妙的是，自己竟然可以同理寄養童了，不會對寄養童生氣了。

寄養媽媽的內在發生了什麼？我便不在此贅述了。

從這對話的案例，可以看見我不斷的核對事件，核對媽媽的感受，然後進入對方的感受裡工作。接著，進一步將探索的議題，從寄養童到媽媽，再從媽媽到童年的媽媽，進入感受工作，最後使媽媽重新看待自己與寄養童的關係。

但是，核對並非易事，對於邏輯路徑還沒有清楚建立的對話者，對話並不容易，無怪乎這像是進入對方心靈的森林裡探索與好奇，沒太多指標，只能靠著累積的經驗。每個人都是獨特的森林，神聖的奇蹟，不會只有一條路徑通往那美麗的靈性，然而好的對話可以成為風，穿過最蓊鬱的草叢與樹林，使萬葉顫動，自闢路徑。

上述三個範例，分別在感受上探索，強度不一而已。讀者不妨思索，探索感受之後，所湧現的大量訊息，與自我的成長背景，有何關聯性呢？或許自己也可與自己進行一場對話，進入自己的森林探險，自己成為自己的最佳旅伴，或那陣穿林的風。

對話是對人的尊重與關懷

曾經閱讀《麥田裡的老師》與《心教》的讀者，或者熟悉薩提爾模式的人，就知道我進入深層的對話，是在「感受」、「觀點」、「期待」與「渴望」層次工作，並且試圖讓對方體驗自己的渴望。這是需要補充說明的。

以對話進入感受，不是策略，是對人起碼的尊重與關懷。但這不是件容易的事，因為懷著「尊重與關懷」進行對話，也易落入以此為策略，有時反而有了執念，往往卡住。

我堅信這個道理，在感受層次去同理孩子，安頓孩子的情緒，不是試圖擺平事件，或者解決問題，而是真正的與孩子同在。我也相信，當我們探索孩子情緒，安頓孩子情緒的同時，並非我們高居於上位，去下一個評斷，亦非居高臨下照顧孩子。因此自己的狀態很重要，要覺察自己的焦慮、生氣與無奈，否則很可能帶著私心，心懷一種只是想撫平情緒的目的，帶著不恰當的施恩布惠的態度，**反而讓孩子起了反感，或者讓孩子隔絕了自身的經驗。**

有心的讀者，可以多揣摩上述這段話，以此作結。

在情緒裡對話

外甥女三三哭鬧，就是想玩溜滑梯，賴在公園不走。媽媽怎樣安撫都得不到結果，以玩笑口氣對我說：「教育家，你看這件事要怎麼辦？」

同樣的問題，也困擾著不少家長。從這個問題，我也理解到自我的童年狀況，期待常常未獲滿足，因而生氣、鬧彆扭、不舒服，甚至自憐自艾。直到我長大成年，發覺這成了迴圈，我始終當一個受害者，或者當一個無奈者，無法跳脫出來，那真是令人沮喪的事。

如今想來，童年理當享權的心態，導致未獲滿足的失落感，諸如：考試不佳、未獲升遷、失戀鬱悶、朋友失和、被人拒絕、努力未獲回報、遭逢意外等等挫折，都讓人在學習面對失落，人若學不會失敗、不知如何面對失落與挫折，將一連串的失落累積在心中，成了一輩子的陰影。

直到我三十歲之後，進入薩提爾模式學習，逐漸走向完整的人，找回創造者的力量，有能量轉化失落。也多虧薩提爾模式，我學習不少對話技巧，面對三三的哭鬧情緒，我比較知道該如何應對。

疏導孩子的失落

失落是一種情緒，情緒透過語言轉化，讓內在的感官釋放，這是健康成長的第一步。

面對三三的生氣與難過，我以簡單的對話處理一遍。這場對話裡，我強調的是語氣的「停頓」。在接下來的對話裡，使用「…」代表停頓，愈長的「……」代表愈長的停頓。

首先，我蹲低著身子，眼睛與三三平視。平視孩子眼睛，而不是以高者姿態俯視，能使對方比較沒有壓迫感，也有助於緩和情緒。接著，我以前面提過的「重複語言」，以重複問句詢問：「三三…妳想玩溜滑梯呀？」

三三停止鬧騰，對我點點頭：「嗯！」。

我專注看著她，回饋我的訊息：「…不行…」

三三急切的問：「為什麼！」

我緩緩的回應，訊息與規則的理由：「…因為，時間來不及了…」

這使三三重新經歷一次未滿足的期待，內在急切，衍生出怒氣了！她跺著腳，很生氣的說：「可是我想玩溜滑梯！」

孩子一定會經歷此種歷程，孩子正是這樣長大的，大人只要了解了，便能平靜的接納了，孩子就更有機會健康成長。

我寧靜的看著她，沒有回應她的期待，而是看見她的情緒，幫助她覺察情緒，說：「…三三啊……妳在生氣呀…」

這是我在《心教》一書中提及，要疏導孩子的情緒，先要幫助孩子覺察情緒。但是語言得緩慢寧靜，若是詢問他人有無生氣？而語態未帶著接納、寧靜與和諧，很容易挑起對方更生氣。

很多父母在此處，選擇說道理，回應自己的期待，而不是幫助孩子覺察情緒。父母是監護人，是行動的決定者，當孩子仍要遊戲，眼看要延誤回家的時機了，理所當然必須離開。這件事既然只能如此，只要和孩子陳述清楚，便無須一再對孩子講道理。

當然，父母一再講道理，道理沒有被接受後，演變成責罵。其實道理說多了，孩子不會更懂事接納，他們需要的是情緒被觀照。家長若以解釋、說教、指責、哄騙、轉移、不理會等方式處理，那麼孩子的情緒缺乏梳理，雙方的關係仍處在緊繃中。

所以，我和三三的對談，在梳理她的情緒，透過語言的表述，讓頭腦的皮質層與感官連結，不至於讓孩子壓抑情緒。

三三聽我這樣說，生氣少了一半，說話仍帶著點兒怒意，帶著點兒委屈的重複著，「可是我想玩溜滑梯！」

我繼續疏導她的情緒：「……三三……舅舅知道妳生氣……」

這裡要專注之外，也要專注自己的情緒，是否寧靜與和諧。

三三的生氣更少了，看得出她有委屈，眼眶都紅了。有的孩子會在此放聲大哭，但是三三沒有。

我繼續讓她覺察情緒：「……三三……妳很失望吧！」

此時，三三回應我的話了，她點點頭：「嗯！」

我繼續疏導她的情緒：「……三三……舅舅知道妳失望……」

此時，三三氣消失了，難過漸漸成了主要情緒。

我寧靜的探索，幫助三三覺察難過：「……三三……妳很難過吧！……」

三三點點頭回應：「嗯！」

我仍舊安穩的回應：「……三三……舅舅知道妳難過……」

三三的情緒被覺知、被疏導，安靜的接受失落了。

我跟三三說：「走吧！舅舅帶妳回家。」

最後，三三跟我們回家了。

很多人好奇最後的結果，三三怎麼就乖乖回家，不再吵鬧了呢？答案是疏導情緒，讓孩子在失落中學習。

三三想玩溜滑梯，得不到回應，往往會有情緒反應，這是正常且健康的狀況。**孩子懂得爭取權益，而不是安靜服從，是成長中重要的學習，然而學習如何服從、如何梳理失落情緒、如何和諧的討論，也是成長過程的重要功課。**

孩子的期待落空，是一種學習，我視為生命中最初、也最重要的學習。因為孩子從出生，有了需求，自然有人提供滿足；吃喝哭鬧有人來照應，這是天經地義的成長歷程。但是，當孩童成長到某階段，要學習如何告別「理當享權」的世界，培養獨立的人格，懂得爭取、妥協、創造、思考，這都得由親子教養、教育環境提供的學習。

很多孩子未學習失落，成長的過程不如己意，可能生悶氣、長期失落、情緒暴走，甚至自殘。這種情況其來有自，最多原因來自於教養環境，常起因於父母高期待、過度寵愛、情緒壓制、忽略情緒；最讓人感到悲傷的，是父母常不覺察問題，一旦覺察問題之後，父母又陷入自責。

孩子成長過程，情緒的引導，我視為第一重要的功課。而疏導孩子情緒，在對話中引導，其實並不困難。在失落、挫折與失敗中的學習，即是有人接納，並且引導情緒，而不是要孩子別哭、別生氣，或者給予期待，說幾句加油而已，當情緒有了引導，孩子的內在就會感到力量，也會漸漸有覺知的勇氣。

川川的憤怒與委屈

二〇一五年十二月份，胞妹一家人回到台中家，陪著父親談天說地。年約四歲的外甥女川川，和五歲的姊姊三三吵架。川川噘起了嘴，哭著要回家，執意要胞妹載她回台北，不要待在老爺家了。

胞妹只好開了轎車門，讓川川坐在駕駛座，安慰她的情緒。但是，川川不願意進來家裡，連妹婿也過來安慰。脾氣甚執拗的川川，怒氣未消呢！依舊不想下車進家裡。

胞妹問我：「該怎麼辦？」

我的答案是：陪伴。

我在車外蹲下身子，從副駕駛座的窗外，看見倔強的川川嘟著嘴，坐在駕駛座生悶氣呢！

我寧靜且關心的問：「怎麼啦？」

川川聽見我的詢問，委屈的掉下眼淚，向我投訴：「姊姊打我。」

「姊姊打妳呀？」我重複她的語句，用意是積極聆聽，也是認真核對。

川川點點頭：「嗯！」

「…痛不痛？…」我關心她，並適度的用停頓的語氣。

關心孩子的感受，若與身體相關，我建議先關心身體為主，再梳理孩子情緒。

從這點，我想起了一段小插曲。有位媽媽來談話，談起兒子的狀況，某次她接到學校電話，告知兒子在學校走廊打架。兒子返家以後，面對媽媽詢問，將情況說明：「我和同學在走廊玩呀！同學不小心踢到我的雞雞，我一拳打回去，剛好被路過的學務主任看到。」

媽媽急著教導孩子：「人家踢你不對，但又不是故意的，你怎麼可以打回去呢？」

兒子聽了媽媽的教訓，很生氣，不理會媽媽。

我以「角色扮演」方式，邀媽媽扮演兒子，想像兒子被踢到下體的痛楚，以及被踢的羞恥感。我將她當時教導孩子的訓話，還原口氣，說一遍給扮演兒子的媽媽聽。

之後，我詢問媽媽，感覺如何？

媽媽坦言，很不舒服。她也問我，要如何說比較恰當。

我回答她，既然兒子受傷，先以關心身體的語言詢問，比如：「你被踢到雞雞呀？」「一定很痛吧？」「現在，還痛嗎？」「有沒有受傷？」「需要媽媽帶你去檢查嗎？」

媽媽聽到我的關懷語言，感同身受，並且淚流滿面，覺得自己太重視事件的對錯，忽略關心兒子的感受了。

在應對事件對話時，媽媽先關注道理，無疑只在大腦的皮質層運作，無形中壓抑、忽略了感官，而感官上身體的痛，內在的憤怒與委屈仍存在體內。

先關心身體的感受，再關心內在的情緒，是層次漸進的方式。

話說回來，當我詢問川川痛不痛？她就感到自己被理解了。

川川點點頭說：「痛！」

我不是將關心語言當公式，而是打從心裡關心川川，詢問：「跟舅舅說，哪裡痛？」

川川指著自己的左手臂，說：「這裡痛。」

我重複著她的話：「手臂痛呀？」

川川點頭說：「嗯！」

「還有哪裡痛嗎？」

川川指著右手肘，說：「這裡也痛痛！」

我重複她的話：「這裡也痛痛嗎？」

川川點點頭。

我再詢問：「還有，哪裡痛？」

川川指著左手腕說：「這裡也痛痛！」接著，她又指著右手掌，「還有這裡也痛痛！」

我再次確認她的傷痛，也再次詢問，還有哪裡痛？

川川稍稍釋懷，說：「沒有了……」

「川川……舅舅知道妳痛痛……」

「川川……妳現在很難過吧？」我這樣說，是看見她還流淚呢！

川川點點頭，注視著我。

「……川川……舅舅知道妳難過……」

我停頓了一會兒，邀請她跟我回家：「川川……妳要跟舅舅回家嗎？」

川川搖搖頭，回答我：「不要。」

面對回絕，我把接下來的對話，**放在川川的情緒與我的期待中進行**，於是我說：「……嗯……舅舅知道了。川川……妳坐在這裡，難過會比較好嗎？」

川川點點頭：「嗯！」

「那舅舅知道了……川川要坐多久？難過才會不見呢？」

天真的川川伸出指頭，比了一個「1」。

我和川川確認：「一個小時嗎？」

川川再次點頭。

「……川川……謝謝妳呀！舅舅知道了……川川……妳已經在這兒坐多久了呢？」

川川伸出手指頭，比出了「3」。

我再次確認：「三十分鐘嗎？」

川川又點點頭了。

「舅舅知道了……那川川還要坐多久呢？……」我的問話彷彿在考算數，其實她不太會算數，我只是透過對話，梳理川川的難過，和確認我的期待。

川川這一次將手掌攤開，比了一個「5」。

「是五分鐘嗎？」

川川點點頭，她的情緒已經放鬆了。

「五分鐘後，川川的難過就會比較好了嗎？」

「那五分鐘後，川川就願意跟舅舅回家了嗎？」我再次確認期待。

川川又點點頭。

川川點頭答應了。

我隨後去踢一個空罐子，發出點聲響，看著雲朵在樓隙間的變化，消磨時間，再次返回看川川，她願意讓我抱回家了。家人很驚訝，才幾分鐘的時間，川川怎麼改變心意了？

我的答案是：「透過對話，同理了川川的感受，也很願意耐心的陪伴她。」

每個人都有情緒，以回應外在的衝突，保護自己。情緒被理解之後，回應的姿態自然不同了，即便一位四歲的孩子亦然。當孩子一次又一次被同理，一次又一次覺察自己的情緒，並且被健康的疏導情緒，美好的成長歷程就很容易看見了……

沛羽妹妹的禮物

先說個小事暖場。

某次出國返台，我在機場買禮物給姪輩。禮物是樂團系列的玩具，裡頭裝有巧克力。姪子是哥哥，拿到的禮物是瑕疵品，電池座的彈簧生鏽，裡頭沒有巧克力。他拿到這樣的東西，失落全寫在臉上，氣餒坐著。

姪女是妹妹，她幸運多了，拿到的玩具是良品，內有一小袋巧克力。她看到哥哥的失落，大方將巧克力分享。兄妹倆說說笑笑，擁有片段的美好。只是天色已晚，妹妹將巧克力放入冰箱，相約明天一起享用。

哥哥小學一年級，早起上學，起床時妹妹仍在睡覺。他眷戀昨日的甜食，打開冰箱，將巧克力私占，一顆接一顆吃著。爸爸催促著出門上學了，哥哥眼看糖果僅剩兩顆，起了貪念，全部都不想留給妹妹呢！尋找藏匿巧克力的地方，靈機一動，塞在枕頭下。

妹妹起床後，發現冰箱內的巧克力不見了，沒有懷疑是被偷走，而是純真的想東西可能被遺忘在別處了。她滿懷著希望找，在家裡忙上忙下，最後在哥哥枕頭下找著巧克力，樂得手舞足蹈，心想還有兩顆呢！世間竟然有人會如此美好的留給她兩顆希望。

她吃了一顆，要咬下第二顆時，想起了哥哥……這麼美好的希望，她吃了一顆，另一顆當然要留給哥哥。自此，她覺得時間是難熬的，老是瞧著時鐘，希望時間趕快消逝，哥哥趕快回來。

傍晚到了，哥哥返家進門。

妹妹急切的上前說：「葛哥，我找到巧克力了。」一整天過去了，妹妹未曾懷疑哥哥的行徑，只是期待他回來。

反倒是哥哥心生不滿，趕緊衝回房間，發現枕頭下的巧克力不見了，眉頭一皺，回頭推了妹妹一把。

妹妹哭了，攤開手中已融化的巧克力：「葛哥，你不要生氣，我有留了一顆給你吃。」

我聽到這個故事，不禁笑了起來。姪子與童年的我好像呀！姪女性格則宛如我的弟妹，天真良善，自小被我欺負。只是長大了以後，我個性轉變甚大，手足感情很和諧，幾乎不太計較利益得失。如今，以此來看姪輩的互動，我不禁笑看著哥哥的心眼，也欣喜妹妹的純真可人，亦覺得對孩子的行為，導正就好了，無須過多焦慮。

之後，我沒有就此事，找哥哥對話，因為帶有目的性與刺探性的對話，不是好的對話開端，那肯定有勸說、有教訓，也許有訕笑……

妹妹的成長禮物

某日，家人在下榻的旅館聚會，至夜裡十一點了，尚未就寢。

大人聊天，四位小孩在一旁邊玩。事件發生在一起玩耍的四位姪甥輩。胞弟的一雙兒女是上述巧克力事件的主角，姑且以哥哥、妹妹稱之。胞妹則有三位女兒，這裡出現的是三三、川川兩位姊妹。四位小孩的年紀，大約四至七歲，這年紀的人聚在一起時，打鬧是家常便飯。

就在大人聊得起勁時，妹妹突然放聲大哭，哭得傷心極了。

我叫妹妹過來，抱抱她，問問原委。她躺在我懷裡，哭得傷心極了，她抽抽噎噎的哭訴，自己被人騙去開櫥櫃門，原以為可以拿到禮物，卻被裡頭躲藏的人嚇到。

川川趕來，跟我說分明：「我叫她不要去開，可是她就不聽呀！」

我問川川：「妳是不是早就知道啦？」她可愛的點頭，重述了一次她阻攔妹妹開櫥櫃。

妹妹哭泣不止，繼續訴說著：「三三騙我！我打開衣櫥的門，哥哥躲在裡面嚇我！」

我把原委拼湊，得到一完整圖案。原來是哥哥跟三三聯手，大聲嚇騙自己的妹妹。過程是哥哥躲在衣櫥，由三三去哄騙妹妹，說衣櫥裡有神祕的禮物要送她，要她去拿。就在妹妹滿懷期待，拉開衣櫥的門，哥哥突然從門裡跳出來，發出大聲音嚇人。這日，妹妹收到的禮物是驚嚇，立刻崩潰大哭。在這件事發生過程中，旁觀者是川川，她多次警告妹妹，這是假的。可是純真的妹妹沒有聽進去，執意去拿禮物。

原來是這樣的，難怪五歲的妹妹哭得傷心，淚濕的睫毛糊在一起。我問她：「妳嚇著了吧！」

妹妹點頭。

「現在，妳還是很害怕嗎？」

妹妹點頭，繼續哭著。

我拍著妹妹的背，說：「阿伯知道妳很害怕……」

「我以為裡面有禮物，可是……」

原來不只是害怕呀！還可能有失望呢！我問妹妹：「妳很失望嗎？」

妹妹哭著點點頭。

妹妹的內在，不只是害怕，還有失望。可能還心生被欺騙的丟臉吧。當然還有生氣，生三三的氣，也在生哥哥的氣吧！聯手欺負她。

在我跟妹妹對話之際，胞妹也把三三帶到另一個角落，與自己的女兒進行對話。這對母女的對話，極有建設性，尤其胞妹的教養觀念變得有脈絡，寬懷以對了。我會將這對母女互動，放在下章節呈現，與我的處理方式互補。

回到正題，胞妹與三三對話完。三三跑過來，小聲的和妹妹道歉。但是妹妹並不理會。

我問妹妹：「妳要原諒三三嗎？」

妹妹噘起了嘴巴，顯示她回絕。

我想，一般父母來處理此事，會要求妹妹要寬恕三三，或反過來要求妹妹要肚量大一些，人家已經道歉就好了。我不是這樣，著重妹妹感受，問：「妳還在生氣嗎？」

妹妹點點頭，表示仍在氣頭上，自己還不想原諒三三。

我拍著妹妹的背，告訴她：「阿伯知道妳生氣……」

哥哥呢？哥哥還在一旁玩著呢！看來他在逃避這個現場呀！但是沒有人責備他的惡作劇。

妹妹不久之後停止哭了，看得出還憋著一點兒不舒服，從我腿上爬下來了。往她爸爸那裡走去。胞弟抱起妹妹，給她安慰與關心。妹妹再次哭起來。

一家人看著妹妹哭，懷著一股接納與愛，沒有人要求妹妹別哭，這幅畫面真是美好。妹妹短暫的哭了一陣子，看來悲傷洗汰得差不多了，心情沉澱下來，從胞弟身上爬下來。

不久，妹妹又去跟另外的三位同輩互動，事情沒有想像中不可解決。

折返的家庭旅行

事情過後，我們一家人藉此聊起來。

我分享過去的經驗，一家人還是孩提時，每每快樂出遊，在外面遇到這樣的事件，父母必定生氣的說：「兄弟姊妹就只會吵架，回家了……」我記憶中，有好多次經驗，都是在衝突未解的情況下回家，帶著不舒服、不愉快的心情，一路上受到父母的數落。

以我的後母為例，她的處理方式較傳統。要是她遇到這樣的事件，抱起妹妹安慰之餘，她的語言大概這樣說：「妹妹乖喔！奶奶疼妳！我們不理三三了，也不理哥哥了。奶奶待會罵他們，奶奶最愛妳了喔！不哭不哭，乖！奶奶帶妳去買糖。」

事件的結束，往往是後母帶著妹妹去買糖。但是，後母的安慰，常常造成孩子內在的對立，彼此的心結暫存。妹妹獲得了糖果，但是內在的不舒服呢？只是被糖果取代罷了。三三與哥哥呢？他們開的玩笑，被當成是罪惡了，而且眼見妹妹有糖吃，從而失落，會累積更多的生氣，趁機發洩在妹妹身上。

此時此刻，此情此景，透過妹妹被嚇的事件，我看到胞妹、胞弟在處理子女的衝突，應對姿態與自己的父母不同，有更多的關切與理解。我們的原生家庭，曾經有著非常多不合宜的應對模式，如今跳脫了往昔的應對方式，有更多的覺察、體驗與實踐，有更豐潤的情感處理。我為這個不同感到安慰，心存感念，心懷定靜之美。

我和胞弟、胞妹分享這個圖像，欣喜於我們的應對。他們為人父母，面對這個場景，都淡定接納，沒有絲毫侷促不安，沒有給孩子各打五十大板，也沒有趕緊要妹妹不哭，而是安然的讓妹妹走完情緒，令她感到我們的關心。至於開玩笑的三三，還有嚇人的哥哥呢，大人並未有過多的責備，那只是一場遊戲而已。

這是我心中美好的家庭應對，此刻呈現在我的眼前。

愛是可以遺傳的

忽然，妹妹的哭聲再次傳來，又怎麼了？

大人們走到小房間了解。只見妹妹泛淚，但不是尖銳受辱的那種哭聲，反而是舒緩的、內心柔軟的、被觸動的那種，大抵是受一齣好戲感動的淚水。我們問了原委，原來是三三向妹妹認錯了，誠懇道歉。而且，三位小孩各自畫了一幅圖畫，送給悲傷的妹妹。妹妹大受感動，哭了。

感動的妹妹，將圖畫很小心的收起來，從包包裡拿出禮物，那是她珍愛的東西，分送給三三、川川與哥哥。或許在她的心裡，感動可以折現的價值就是，毫不吝嗇的回贈自己的珍藏，就像她能將僅剩的一顆巧克力，在值得等待一天後送給哥哥。

愛是可以遺傳，令人擁有豐富的靈魂。當大人在隔壁房分享自己的成長與改變，而這四個孩子，在這小小的房間，也完成了自己的心念。他們分別是七歲、六歲、五歲與四歲，和解了，沒有大人在場。

我極為感動，當下雖不知道胞弟、胞妹的感受，但是我內在有無限的安慰與喜悅。我們引領著孩子成長，能看見美麗的風景，所得到的喜悅與溫靜，在這夜晚流淌開來了。

李儀婷的回應

胞妹李儀婷才華洋溢，無論小說、劇作與散文皆擅長。她婚後生育了三位可愛的兒女，這幾年來，她的親子互動非常適切有方，令我欣賞。這篇文章是承接上篇〈沛羽妹妹的禮物〉而來，用來呈現儀婷與她的大女兒三三的互動。

話說，妹妹遭騙，打開衣櫥找禮物，被哥哥嚇著，嚎啕大哭。胞妹儀婷以身為母親的敏銳，先走過去瞧，蹲在妹妹身邊了解狀況。妹妹哭得傷心，無法把事情講得明白透徹。於是，大人分別面對孩子，我來面對哭泣的妹妹，儀婷面對自己的三三。

經過儀婷了解，這件事跟三三有關。

儀婷心想：「原來，三三是共犯呀！原本以為只是單純的哥哥嚇妹妹，沒想到連三三也參與其中。」

「哥哥要妳聯合起來騙妹妹，妳怎麼這麼聽話？」儀婷問。

「因為哥哥叫我去，我就去了呀，而且我原本以為不會怎麼樣，就好玩而已。」

「所以，如果哥哥這樣騙妳，或嚇妳，妳也覺得好玩嗎？」

三三搖頭：「不好玩。」

「妹妹現在是不是很傷心？你們說有禮物給她，不但沒有給，還騙她，她是不是很可憐？」

三三點點頭。

儀婷觀察三三，發現她臉色愧疚，看著不遠處在傷心哭泣的妹妹。

儀婷理解到，妹妹崩潰式哭聲的情緒有好幾層，除了受到驚嚇，還有驚嚇過後的失望與憤怒。因為她被騙了，不但禮物飛了，連最愛的哥哥都騙她，簡直是多重打擊，因此哭聲綿延了許久，包含了許多層次的情緒，需要透過哭聲來一層層的釋放。

儀婷的視線，從妹妹哭泣的臉龐，轉向自己的大女兒。現在，能撫平妹妹哭聲的，還得靠繫鈴人——三三。

讓媽媽牽著妳的手

儀婷和三三，在此之前曾有美好的對話。那些對話使三三受到影響，感受到滿滿的親情之愛，顯得柔軟許多。儀婷觀察，三三之所以看著妹妹，也許是想彌補她自己的過錯，而不知道該怎麼辦吧？

於是儀婷在她耳邊說：「妳要不要過去跟妹妹聊聊，或說些什麼？」

三三說：「好，可是媽媽妳要陪我！」

「好。」

儀婷握著三三的手，由大女兒牽到妹妹身邊。在三三開口之際，發生了小插曲，對她而言是個考驗。那是抱著妹妹的大舅舅，以開玩笑口吻，大聲對三三說：「你們怎麼可以騙妹妹呢！」

三三嚇了一跳，有點退縮的愣在原地。

儀婷蹲在三三身邊，靠近女兒耳邊，一邊牽著她的手，一邊溫柔說：「妳不是有話要跟妹妹說，我陪妳。」

三三感受到暖意，小聲說：「妹妹，對不起，我不應該騙妳。」

妹妹的哭聲已稍微小聲一點了，這時聽到三三的道歉，她瞬間又陷入傷心的情緒，這也許是接受到三三正視了她的感受，因此委屈大哭。但是，這哭聲的意涵跟之前不同調了，也許帶著被理解的情感。過了幾分鐘，孩子們又拉著彼此回到隔壁的房裡嬉戲。

沒多久，令儀婷驚訝的是，她聽見房裡的三三，對妹妹又說了幾次抱歉的話，還安慰對方，表明這次真的要送她禮物。

三三奔出來，向大舅舅索取紙張和筆，而川川也有樣學樣，跟著索取，兩姊妹認真的在地上畫畫。畫好以後，兩人圍著妹妹，大聲說：「來，這是我要送妳的禮物，妳不要再難過了哦！」

妹妹得到什麼大禮物似的，非常開心，回贈了自己心愛的化妝盒、兒童手機與牙醫手電筒。

之後，三三雀躍不已，不停說：「媽媽，妹妹太好了，我對她小小的好，她就對我們大大的好。而且我做了不好的事，跟哥哥聯合起來騙她，她不但不生氣，還送我禮物耶！我太開心了，覺得妹妹是大好人，我要告訴她哥哥，叫他以後不要再欺負妹妹了，要對妹妹好一點。」

「妳好快樂呢！」

「當然，媽媽，我真的太開心了，所以我非得要一直重複，一直重複講，妳不能阻止我哦！」

姿態影響一切

儀婷深刻體認到：姿態，影響著人與人之間的相處關係。

她意識到，我們的姿態愈高、愈硬，與我們相處的人為了要在我們強悍的姿態下求生存，會發展出更強悍、更硬的防護姿態（或者，反向變成討好）。而我們的姿態愈柔軟，相同的，與我們相處的人，會溫柔的與我們相處。

即便小孩子的互動，也受姿態影響。儀婷認為，三三在這事件上成了共犯，一起欺騙表妹，這事件很小，因為孩子的遊戲總是如此。但妹妹在遊戲中哭了，就不是她所期待。按照以往三三的倔強性格，她會轉身離開，離開哭聲，離開責罵，離開戰場，因為她是不示弱的個性，而道歉就是示弱。

不過，在儀婷與三三長期的相處過程，母女發生衝突時，凡是自己有錯在先，絕不會因為自己是母親就逃避，而是認真且誠懇的道歉。所以，女兒學習到「道歉」是一件很重要的事，才能在第一時間勇敢的去面對。

事後，儀婷誇讚三三，不止一次向表妹道歉，還畫畫送她，這是多麼棒、多麼難得的行為呀！

「妳這麼勇敢，為什麼第一次道歉，要媽媽陪呢？」儀婷很好奇。

「因為，我還是不想在大家面前道歉，但是有媽媽陪就可以。後來，妹妹進房間，我就自己去道歉，因為沒有大人在旁邊，我比較不害怕。」

原來，一位被愛對待的六歲女兒，有了美好經驗，擁有柔潤之心，往後會更懂得將溫柔的姿態，融入在本能的應對姿態裡，面對世界。

我是我自己的第一位朋友

無臉男，全身黑漆漆，孤單的妖怪，沒有人會喜歡他。

這是宮崎駿動畫《神隱少女》中的角色，形象獨特，予人印象深刻。這樣孤單的無臉男，站在橋頭，從不作聲，看著神明與妖怪們進去湯屋，享受熱呼呼的溫泉。無臉男只能站在冷冷的夜裡，淒涼已極，找不到任何同伴，直到千尋同情的開門，才進了湯屋。

我想，要是神明與妖怪的互動場域放在他處，比如放在現實中的學校，或在軍營與職場，無臉男有可能成為大家霸凌（bully）的對象。如此孤單的人，戴著面具，沒有人會喜歡他，又想擠進團體，容易招惹人，想必這樣的人在真實生活中不少。

小鎧，今年十四歲了，不是無臉男，卻讓我聯想到了無臉男的處境。他在學校裡被欺負，遭受同學聚眾霸凌，不知道如何自處。媽媽帶小鎧來見我，希望他不要被霸凌。

媽媽為這事帶他來見面，僅僅只有一次。我無法透過一次談話，解決小鎧被欺負的問題，只能探索他怎麼會這樣？怎麼會被同學霸凌呢？探索他的言行，是否他往後可以多注意些什麼，然後回饋想法。

我也曾被霸凌

校園經常出現的大小霸凌事件，從我讀書時代就常見。

我在台中市讀中學時，正值一九八〇年代。台中市最惡劣的事跡，是一位六年級孩子，糾眾將鹽酸倒在同學頭上，事件發生之地恰巧是堂弟就讀的學校，鬧上新聞版面，眾所矚目。我國小、國中就讀鄉下學校，高中位於省府所在地，無論到哪就讀，經常目睹霸凌，自己更有數次被霸凌的經驗。

我只是一名普通學生，沒有膽量惹是生非，來往更是形單影隻，但是為何我數度被霸凌？我曾經以為自己「帶衰」而已。後來據我的觀察綜整，若是偶爾遭遇霸凌，也許是遇上意外；但是經常被霸凌者，未必是意外。

時至今日，我仍注意霸凌事件，發現經常被霸凌者的遭遇，除了意外事件捲入，多半集中在某些特質的人身上。但是，這樣的觀察結果，容易引來非議，這只是我這幾年來，接觸經常受霸凌案例，所歸納出來的淺見，並非鄙視，或看輕經常被霸凌者。

我的用意是想了解，經常被霸凌的孩子，能否解除被欺負的枷鎖，而不是將被霸凌者貼上標籤。

經常被霸凌者會出現的特質，如：心靈經常孤單、人際關係不良、內在充滿傷害、易畏縮緊張，欲吸引人注意卻變成招惹人，而且多半不自知。我歸納自己的狀況，上述幾個，我多少都有，若是我能意識到這些狀況，當年也許能避開被欺負的時機。

要是孩子有了以上的特質，透過對話讓孩子覺察，能勝過大人的告誡。因為透過大人告誡，孩子並未意識到問題，反而將大人歸為了指責者，認為那是大人的片面之詞。這樣子，一番好意反而弄擰了。

那如何對話呢？我與小鎧的互動，就是一個例子……

被霸凌的歷史

我問小鎧，是否真的被霸凌？

小鎧怯生生的點頭。

「發生什麼事了呢？」我想知道同學如何欺負他。

小鎧表示，班上的一位同學，看他很不順眼，常常藉故堵住他的路，不只出言挑釁，還動手推過他。

「那你怎麼辦呢？有告訴老師嗎？」

小鎧點點頭，表示自己通報老師了。

「那位同學，還有欺負你嗎？」

小鎧搖搖頭表示，沒有了。

「那不是解決了嗎？還有什麼問題呢？」我充滿好奇的問他。

「他的同學為了報仇，故意找我麻煩。」男孩將衣服捲起來，露出略見瘀青的身體，那是他被打的傷痕。

「你還有跟老師說嗎？」我看著他的傷，詢問後續狀況。

小鎧搖搖頭，表示自己再也不敢跟老師說了。

以上的對話，由我探索事件來龍去脈，獲得了粗略的了解。在對話之中，我常常有很多好奇，好奇事件的發生，好奇他的應對模式，好奇他的處理方式，好奇事件對他的衝擊……

當然，我很好奇他為何被霸凌？這也是小鎧自身困惑的地方。我也好奇他受霸凌的歷史，到底有多長的時間了？

小鎧沉默一陣子，若有顧忌的低頭，說：「國小二年級就開始了……」

一旁的媽媽突然拔高了音量：「國小二年級，你說什麼？不是國中才被欺負嗎？」

聽到媽媽驚訝的責難，小鎧的頭垂得更低了。

我心想，原來媽媽都不知道呀！這件事小鎧怎麼敢說呢，他若是說了，也許又要被媽媽批評吧！當然會封嘴。

渴望有個朋友

被霸凌的孩子，心靈若是孤單的，也很渴望有朋友吧！

《神隱少女》裡，進入湯屋的無臉男，吃了青蛙人之後，以青蛙人的聲音講出的第一句話是：「我好寂寞，我真的好寂寞。」這樣反覆的句子，不正是孤單者渴望朋友的感受嗎？誰希望自己落單在永遠的雨夜。渴盼友情，跟擁有愛，都是人的權利。

小鎧說，自己的確孤單，很希望有好朋友，但是他一直沒有朋友。

我詢問小鎧：「你想擁有一個好朋友嗎？」

小鎧點點頭。

我寧靜的望著小鎧，看著他純真的臉。我能理解這種渴盼。小鎧多渴望擁有個好朋友呀！好朋友可以聽他說話，可以接納他的魯鈍，可以欣賞他的優點，可以分享他的寂寞心情，小鎧非常希望擁有一個真心對待他的好朋友。

我望著小鎧渴求的臉，心裡默默的想：**這個願望一點兒都不奢侈呀！**

我想問他，一個關鍵的轉折：「小鎧……我問你一個問題……」

小鎧抬起頭來，認真的看著我。

我向小鎧確認：「你真的想嗎？想要一個真心的好朋友？」

小鎧堅定的點點頭。

我也很寧靜，而且堅定的問：「那麼……你，願意當小鎧的朋友嗎？」

小鎧愣了一下，也許被我的問題衝擊了，並未立刻回答。

我再次向他確認：「你願意嗎？……當小鎧的好朋友……」

接下來，小鎧的回答出乎媽媽的意料，卻是在我意料之中。因為，小鎧沮喪的搖搖頭，說：「我・不・願・意！」

「你怎麼不願意呢？當小鎧的朋友……」

「因為他很糟糕……是個爛人……我不要跟這種人當朋友……」

這答案令人非常悲傷呢！小鎧渴望朋友，卻不想跟自己成為朋友，如果是這樣的話，誰還會跟小鎧當朋友呢！一個人能認識自己，接納自己，多愛自己，即使是獨處也能感到一股喜樂，心靈得到安頓。如果不接納自己，勢必孤寂、空虛或寂寞，害怕一個人獨處呢！

我想要確認，他怎麼這樣評價自己？

「關於『他是爛人』，你從哪裡學來的呢？誰對你說過這樣的話呢？」

小鎧眼淚滾滾的落下來，很悲傷、很委屈的說：「爸爸……」

爸爸大概恨鐵不成鋼吧！但是愈是恨鐵不成鋼，語言愈發指責，**指責的語言就是期望孩子聽話，而不是和孩子對話。通常被指責的孩子，往往容易自責；自責的孩子，常常感到無望……**

小鎧淚眼汪汪，看起來未滿足父母的期待，也未滿足自己的期待，於是他無形中與父親站在同一立場，責備自己非常糟糕！這個狀況不斷循環，又怎麼會得到好結果呢！

我期望小鎧停止這樣看待自己：「當爸爸這樣說的時候，你喜歡嗎？」

小鎧搖搖頭。

「如果你不喜歡，你怎麼可以這樣說自己呢？」我寧靜的看他，接著說：「我可以當你的朋友嗎？我不覺得你很糟糕，也不覺得你是爛人。我覺得你很坦誠，而且想改變……」

至此，小鎧眼淚更多了，不斷的點著頭。

後面的對話，我便不呈現了。我深深感覺，父母的指責，常常是孩子最初的傷口。但是父母不是故意的，也是愛孩子呀！只是在資訊年代的教養，和權威年代的教養，已經大不相同了，不然孩子受的傷更是嚴重呢！

我在寫小鎧的故事時，無數孩子的眼淚，都在我腦海浮現。或許，無臉男的面具摘下來後，他們的真實面孔都是諸如「功課落後、人際關係不佳、考試不如期待」的人，他們都深受自責之苦呢！一旦不自責了，自己成了自己最佳的朋友，就多了一點站起來的力量，有勇氣離開落雨的曠野了。

回答與提問

對話的精神是彼此分享，彼此了解，彼此給予，彼此交流，彼此尊重，彼此接納……根基於「彼此」。彼此是人與人的分享，是生命與生命的交流。透過對話這座橋梁，人們參與彼此，生命有了流動，世界因此而豐富鮮活……

植基於人的對話，就不會侷限與「說服」、「傷害」或「關心問題」，而是關心生命本身。

因此對話的本質，在於關懷、欣賞與好奇。

在每場對話的當下，我經常覺察自己的內在：我關切的目標是人？或者是問題？「彼此」是否產生對話了。若對話展開了，便對人有了關心、欣賞與好奇，好奇人的選擇，以及人在處境裡的狀況。

若對話並未展開，關心的則是問題，在意的是對錯、好壞，美其名為關心人，其實仍執著於解決問題。如果是這樣，對話就不會成立，即便使用了高明的技巧，也只不過暫時解決問題，無法展開深刻的互動。

有人困惑的問：「常聽見人說『對事不對人』，難道是不恰當的嗎？」這說法沒錯。當一個人犯錯了，違反規則，父母或師長針對事件回饋，並不針對人責罵，這是「對事不對人」。比如一個孩子調皮，影響課堂規定，教師會回饋以規則，但不會刁難、侮辱，或對孩子情緒化。

但是，我們日常行為裡，常常以情緒應對「事件的發生」，也就是聚焦在「問題」，以生氣、沮喪或無奈應對。指責某人做錯事，容易將人「問題化」，而不是關心人的處境。因為關注在問題之中，對話通常是指責的：「你怎麼這麼不認真！」「你怎麼總是講不聽！」「你再吵鬧，我趕你出去！」

若關心的是人，則回饋規則、回饋我的訊息，而且態度保持平穩，不是上對下的傳達，而是對等的「彼此」。這種情況下，與孩子展開對話，會好奇他如何想的？好奇他的決定，好奇他的應對，好奇他的感受，好奇他如何看待自己、看待世界……關懷孩子的處境，欣賞孩子的資源。

對話的力量

以一致性的溝通，化解內在冰山

好奇就是接納的開始，好奇也是美的存在。

提問是基於好奇，是一種徵詢，也可以是核對。但有人將提問，當成是考題，用以質疑，淪為較勁的工具，那就不是對人有好奇。善於回答的人，常是善於提問之人，往往也是善於對話之人，所以提問與回答是一體兩面。

面對孩子提問

閱讀是我年少時的靈糧，文字充滿魅力，屢屢召喚我。尤其是故事書，凡是放在書架上的我都翻閱數遍了，無論《水滸傳》、《西遊記》、《薛仁貴征東》、《紅樓夢》、《基督山恩仇記》等中外名著，每本書口下方約八公分處，留下一道我拇指翻閱紙張的泛黃漬痕。我知道《水滸傳》的林沖夜奔，出現在第幾頁，以及在哪幾行開始天空下起鵝毛大雪。我會想起《湯姆歷險記》的湯姆在密西西比河上乘船時，彷彿場景就是我窗外不遠處的旱溪，那是我見識不足所能做到的時空連結。

故事書滿足了我對世界的想像，另一套《十萬個為什麼》科普書，則解決我如何理性看世界。這套書放在教室後頭的櫃子裡，但是魅力呢，比不上每日張貼在公布欄《國語日報》的四格漫畫「小亨利」。我對世界的「為什麼」疑惑，直到有次課堂才開啟。

那是上國語課時，課文提到太陽打從東邊升起。我右前方的同學，大概被窗外的陽光激勵到了，舉手問老師：「為什麼太陽從東邊升起？」這個平常沒有追究的問題，我們意識到嚴重性，太陽的家為什麼在東邊。

「因為地球自轉。」老師說。

「為什麼地球會自轉？」學生問。

「因為它繞著太陽公轉。」

「為什麼會繞著太陽公轉？」

「因為萬有引力。」

「為什麼有萬有引力？」

「那是，嗯！兩個星體會相吸。」

「兩個星體為什麼會相吸？」

「那是萬有引力，」老師思索著，說：「上課不要問太多問題，我沒有辦法把課業進行下去。」

那幾分鐘裡，全班學生的視線，在師生兩邊的提問與解答間轉移，而我的腦海烙下一個詞條「萬有引力」，這連老師都答不出來。因為那個提問學生的頭像小亨利一般渾圓發亮了，打敗了老師。下課時，我問那位提問的學生，萬有引力是什麼？他走到教室書櫃，把解答任務交給那套他翻開的《十萬個為什麼》。這是我為什麼也看這套書的原因。

我曾在〈對話練習〉這篇，與我其他教育著作，提及在可能的情況下，少用「為什麼」詢問孩子，因為「為什麼」易讓人有防衛反應，也讓人除了答案以外，不曉得如何回應。

然而日常生活，孩子經常問「為什麼」，這詞條在他們口中是中性，是他們對現實世界的理解尚未明朗前，藉由身邊的大人解惑，解決好奇。然而，如何解開這世界的科學運作，大人未必能盡興或詳盡回應。如何維持孩子好奇？引導孩子尋找知識？讓孩子覺知問題？是我關注的焦點。

從聽話體系長大的我們，習慣給予答案，或者只想得到答案。然而，我們是否需要沿用這套模式來回應下一代？對話的精神在親子互動中，能否提供新的思維與互動？我深信可以的。

我經常搭高鐵，曾在站內看到一幕：

五歲小童指著高鐵，問爸爸：「這是什麼？」

爸爸說：「這是高鐵呀！」

小童：「什麼是高鐵？」
爸爸回答：「高鐵就是速度比較快的車。」
小童：「為什麼速度比較快？」
爸爸：「因為節省時間呀！」
小童：「為什麼要節省時間？」
爸爸：「因為時間不夠用呀！」
小童：「為什麼時間不夠用？」
爸爸：「〇×△……」

這樣的對話很常見，大人很快就疲於回應了。小童仍不斷問為什麼，但並未真正將回答入耳，久了容易被「為什麼」帶著跑，只是問為什麼，不一定真的想知道，這形成語言上的慣性，彷彿玩繞口令，正是我小學課堂師生針對「萬有引力」的疲乏互動。

一般而言，孩子問一個問題，大人給予答案，並沒有錯誤。只是，我們是否有其他方式？

讓提問者覺察

高鐵的快速便捷，改變了台灣西部的生活圈，加速了南北串連，這是當初始料未及的。相同的，二十一世紀是資訊爆炸的年代，知識的客觀性被解構了。這個解構的影響層面範圍，超越過去任何時期，較之封建制度瓦解，可能還要更加劇烈。

近十餘年來，創新的思考、創新的事物，不斷改變世界，人類的生活正加速變化。人們的連結因網路有了巨大變化，通訊便捷，知識更容易取得，人際關係在網路上看似緊密，但生活疏離，這顯得面對面的「對話」多麼可貴。

親子對話裡，當孩子喜歡問為什麼？過去大人應對很簡單，只要秉持著「知之為知之，不知為不知，是知也」的概念，給予答案與否就行了。真誠以對、博學強記是學者的典範。

然而，餵食答案，答案餵不完，因為知識的背後仍有「為什麼」，並弱化孩子的好奇心；餵食答案也可能讓解答趨於封閉，無法開創更大的視野。傳統的聽話系統中，給答案是最簡單、最安全的方法，也是理所當然的模式。

如今的資訊取得容易，聽話系統被冷落。因此教育現場有了改革，將過去課堂「老師講，學生聽」，翻轉成各種學習面貌，不再讓「聽話」、「解答」成為唯一方式，教師不侷限於「講課」，學生也不再只是「聽課」。如果網路能輕易取得訊息，維基百科的知識庫免費吃到飽，我們回應問題時，給答案不是唯一，應有更多元的應對。這正呼應了美國哲學家和教育家杜威說的：「教育不是一件『告訴』與『被告訴』的事情，而是一件主動的、建設的歷程。」

面對孩子提問的「為什麼」，即便家長不知道該如何用對話精神開展，也該屏除不恰當的回應，以下都是不耐煩的應答，比如：「問這麼多幹什麼？」「你沒看到我在忙嗎？」「以後你就知道了。」「你去問某某某……」「你不會自己去查。」「不是跟你講過了嗎？」

有些人的回應，不是以上令人不耐的話素，是想要交流，但常常讓人感覺乾燥，有時難以回應，也就失去了對話契機。這些話素比如是：**「說說看，你覺得那是什麼？」「你為何會這樣問？」「那你覺得呢？」**

這些反問詞句，有時候孩子不容易回應，久了甚至產生違和感。

這些對話方式，沒有固定答案，只有適不適合？或者喜不喜歡？

我喜歡的對話，往往是對提問者好奇，了解提問的緣由，知曉提問者的起心動念。當我聚焦在那一瞬，情感專注連結，美感便在那兒駐紮，彷彿就是永恆了。

回到高鐵的例子，除了給予答案之外，對話如何開展新的美感，我來模擬一段對話。假如五歲小童指著高鐵，問我：「這是什麼？」

我可能回應：「弟弟呀……你什麼時候看見『它』呀！」

孩子可能的應對：「我剛剛走上來，就看見『它』了啊！」

「你看見的時候，有很驚訝嗎？這麼長的車子。」

「有啊！這台車好長喔！」

「你以前看過跟這車子相像的車子嗎？……」

「嗯……火車。」

「你坐過火車嗎？」

「坐過呀！」

「火車的速度快不快？」

「很快……」

「有比汽車快嗎？或者，有比爸爸開的車快嗎？」

小童可能在腦海裡思索汽車、火車與高鐵的模樣，進而拉開對話空間，成了有趣的交流。

這是我模擬的狀態，也是我的經驗談。當我認真聚焦探索，孩子通常會更專注，思索他所觀察的世界，也有助於他覺察。

家長回應對話，沒有固定形式。我比較喜歡專注以對，並且引導對話者共同專注，對話常顯得深刻，答案與交流在對話中浮現，不再以知識為主了，情感的流動才是難得的。

核對問題

對話時，要與提問者核對，了解對方的意思、期待、初衷。

在加速的年代，我們有時為了效率，匆匆聽過，也匆匆回應，往往未真正對話。匆匆忙忙間，彼此常是雞同鴨講，執著於個人見解，未能傾聽對方談話的「事件」、「感受」、「觀點」、「期待」，或了解對方「真正在乎」的訊息。未能核對彼此的訊息，就更談不上對話了。

比如，家長跟老師會談，提到孩子在校的狀況：

媽媽嘆氣說：「我的孩子東西不見了，他說班上有位同學，常會去動他的東西。」

老師說：「妳是說××嗎？他最近已經很乖了。倒是妳的兒子，有時候會去捉弄人家……」

媽媽提到的事件訊息是：**一、孩子的東西不見。二、班上有同學動兒子東西。**除了這兩點以外，媽媽的感受、觀點、期待，以及真正在乎的，在她陳述的對話中還尚不明確。這有待對話的人，核對她所想表達的。

老師忽略了媽媽說話的內容，也並未覺察，自己在乎的是：**想讓媽媽知道的「真相」，而且是自己執著的「真相」**。

所以老師急著回應觀點：「××同學已經很乖了。妳的兒子捉弄人家。」這可能令媽媽聽了憤怒又急躁，兩人的對話也就兜不起來了。這種狀況恐怕也在父子、夫妻、朋友間常常上演，容易吵起來。

在對話精神上，老師沒有核對媽媽真正要表達、或者想求助什麼？更別提探索媽媽的感受、觀點、期待，以及真正在乎的為何。假如對話者能多探索，懂得更進一步好奇，常有意想不到的後續發展，讓彼此都有深刻的覺察；而這一切都是從接納開始，接納自己與接納他人，因此**「好奇是接納的開始」**。

老師是一番好意，想要澄清班上人際互動，但執著於自己想表達，就聽不見對方想表達，這就是前述所言：傾聽的重要，傾聽之後如何探索與核對，能展開進一步的溝通對話。

當人們向我詢問時，我除了積極傾聽，**也歸納對方要表達的，整理他人的敘**

述。接著，我以我們都理解的敘述，再次詢問對方的意思是否如此？這樣做有助於我們之後的對話。這過程謂之核對。

若是沒把握，則重新詢問對方：**「你要問的是……」「你想表達的是……」「你想說的是……」「你想要得到的是……」**

這樣絕對有助於彼此聚焦，核對彼此是否理解了。

前述的例子裡，當媽媽說：「我的孩子東西不見了，他說班上有位同學，常會去動他的東西。」

如何跟那位媽媽核對呢？我大概會這樣問：

「媽媽的意思，是不是孩子的東西，被班上哪位同學拿走了？」

「媽媽希望我去幫孩子詢問？還是希望我做什麼呢？」

「班上同學拿過孩子什麼東西？我會處理、關切這件事……」

上述核對的對話，都是模擬的狀況，我在事件與期待上核對。若是談話更深入，我會看見媽媽感到沮喪，或者生氣了，接著我會核對媽媽的「感受」，了解媽媽在這件事中「真正在乎」的是什麼？

我在本書寫到一個案例，十四歲的小鎧被霸凌。媽媽帶小鎧來見我，希望我和孩子談一談。

家長帶孩子來談話，通常懷有期待，因此我會先核對「期待」。所以核對期待成了我談話的起手式，這很重要。

我問媽媽：「從這次談話，媽媽期待得到什麼？」

媽媽想了一下說：「我希望孩子不要再被霸凌！」

前來談話的對象，時有不合理的期待，或者我的所為無法符合期待，提早澄清與核對，也就讓彼此對話更清楚。

我對媽媽說：「我沒辦法透過談話，讓小鎧不被霸凌呢……」但是我提出我能提供的協助，或能做的部分，「我可以試著探索一下，看看小鎧發生了什麼？怎麼面對霸凌的情況，這樣妳覺得好嗎？」

當媽媽點頭同意，我才進行對話。

以提問核對問題，澄清問題，聚焦彼此所關注的，是對話中重要的開始，對話才能開展下去。

核對式提問有助於聚焦、負責

我常遇到來與我對話的人，並非只是想抱怨，或抒發情緒而已，而是想要改變現狀。又或者他們只想要抱怨，未真正想過解決，**我往往透過核對提問，幫助對話的人意識到問題，協助對方負責任，也協助彼此的對話聚焦。**

比如孩子過來抱怨，父母經常碎碎念，說話嘮叨，搞得他心煩極了。我通常先傾聽事件，傾聽他的感受，傾聽他的期待，並且核對他的期待，才詢問：「你希望怎麼樣呢？」

孩子的期待，通常希望父母不要再碎碎念。

我會進一步問孩子：「你想要解決嗎？」

孩子最常說：「當然想啊！可是沒辦法呀！」

我會語氣很穩定，再次核對：「所以你想要解決，對嗎？」

孩子通常會同意，這就讓我們的對話聚焦，有了共同的目標：「我們要解決這個狀況。」

當我們目標一致了，我的核對會更深一層：「發生了什麼事？父母會一直碎碎念呢？」

我邀請孩子說出親子之間的瑣碎事件：父母什麼時候會嘮叨呢？答案通常會是：當自己打電腦太久了、早晨起不來、功課沒寫完……這類自律不足或不夠積極的生活行為。

對話的力量

以一致性的溝通，化解內在冰山

我往往在此處重新核對，孩子真的想解決問題嗎？當孩子重新沉思，確認願意解決這個問題之後，我會在提問中，回到孩子所應該負的責任：「那你可以做些什麼呢？」

當孩子正視面臨的處境，思考能為自己做些什麼，是讓當事者負責任。當我們在對話中聚焦，並讓孩子意識到自我責任，我從而開展對話的脈絡，就更有品質了。

除了小孩子跟我抱怨家長，也有父母向我抱怨孩子。家長通常抱怨孩子的脾氣暴躁，動不動發脾氣。這樣的案例屢見不鮮。

要是家長來我這兒抱怨，我常會以提問，與父母核對：「你希望從我這兒得到什麼？」「你想要解決嗎？」「你想要改變這狀況嗎？」……

父母想解決此問題，我們的對話就聚焦了。

很多人認為，上門求助的人當然想解決問題。想解決問題是一回事，在對話中讓上門者覺知，想解決問題又是另外一件事，且後者是更重要的步驟，否則會在對話中流於抱怨，吐完怨氣又無濟於事。

孩子是父母所教養，怎麼讓父母負責呢？

從父母這方來探索他們的親子應對，我會好奇孩子的情緒模式，是如何形成如今的局面呢？比如，孩子從幾歲開始情緒失控？什麼樣的事件引發？父母以往面對的方式為何？這些探索有助於父母覺察，他們是否忽略了孩子的自我。

要是孩子有情緒問題，我也常常詢問父母，家中還有誰情緒暴躁？答案往往是父母自身。

因此我會問父母，那麼是誰應該改變呢？

在情緒的例子裡，我常探索父母，當孩子情緒暴走，父母如何應對呢？當使用這樣的應對模式，孩子的情緒有改善嗎？若是沒有改善，繼續這樣的應對模式好嗎？我也會提議一個新的應對，問問父母：願意試試看嗎？

當父母願意了，有具體實踐的目標，對話就有脈絡，不會流於在問題裡繞圈子迷失。

我有位校長朋友，辦學認真，教學負責，關心學生的生活。校長常跟我提及孩子狀況，該如何幫助學校的孩子。校長不僅積極向我請教，更邀請我與學生對話，他則帶領老師在旁觀察我如何操作。

其中一位十六歲男孩，無心於學校課業，整天如行屍走肉，展現不出生命的活力，這樣的狀況持續四個月。教師想要協助孩子，知道孩子失戀了，但是任何鼓勵的話語，都無法改變孩子。

我與男孩對話前，先觀察他。男生有明星臉，帥氣，但是不修邊幅，顯示出散漫無所謂的樣子。在眾多教師圍繞下，我與男孩想要自由談話，頗不容易。但是男孩漸漸談開了，表示自己失戀打擊甚大，晚上幾乎睡不著，到了早上才昏沉睡去，失眠困擾他很久了。

我問這個男生，他想要改變嗎？想要走出失戀的打擊嗎？想要晚上擺脫失眠，安穩睡著嗎？若他想要改變，請他下次與我碰頭時再約時間，我願協助他一起改變。

男孩肯定的想改變，殷切期盼，並且請求當天與我談話，不要等下次再約了。我們取得共識，接著進行一場深刻的對話。一個月後我們再次見面，他分享作息的改變，已經不再失眠了，生活也較有活力了。

在對話中核對目標，是重要的步驟。至於如何改變這個男生，如何讓男生有活力，讓學生不再失眠？屬於比較深一層次的範疇，並不是這本書要著力的重點，以後若有機會將專書呈現。

最後，我要整理一些話素，可以幫助對方釐清問題、核對問題。我常運用於提問中，有助於彼此聚焦與覺知：

- 「你要表達的是……」
- 「你要問的是……」
- 「你想說的是……」
- 「你想得到的是……」
- 「你希望我協助的是……」
- 「你的意思是不是……」
- 「我這樣理解，你聽看看對不對？是不是你要表達的……」

如果我很明白問題，給答案能解惑嗎？

我們年幼時，亟需理解世界的運作邏輯，那是好奇心驅使下的窺望，詢問「天空為什麼是藍色的？」「水為什麼往下流？」「地球為什麼是圓的？」「萬有引力是什麼？」如果持續問下去，《十萬個為什麼》不能填飽我們對知識的渴盼，還好網路便捷，任何「為什麼」都有了呼應的答案。

我經常接觸孩子，不論在教學或演講場合，常被他們提問。我的回應通常有兩種方向，第一類是工具式回答，比如電腦如何操作，或近日推薦的好書，只要直接給予。第二種回應是用了對話精神，這類提問，問題看來簡單，答案理所當然，卻常讓人掉入「專家」的陷阱。

下列我常聽見的孩子提問，屬第二類，比如：

「人為什麼要讀書？」

「讀書真的那麼重要嗎？」

「人為什麼要活著？」

「一個人如果沒有目標，會變成怎麼樣？」

「當一個班長，要怎麼學習公平？」

「為什麼大人這麼煩？都要我們做無聊的事！」

這裡請師長或父母回憶一下，你的孩子是否曾問了類似問題？當時你如何回應？是根本不想談這問題、不耐煩的斥責，是給予孩子道理說服？還是和孩子討論？

長者和孩子討論問題，需要有基礎能力，最基礎的能力是對話。**然而據我的觀察，孩子提出類似問題，多半不是為了討論，往往是他們遇到困難。**童年那種對外渴慕「為什麼？」的知識熱，到了青少年時期，他們都有了解決知識的能力了，這階段要是他們再詢問「為什麼？」可能帶著個人生命中的困頓，他們需要陪伴、理解或同情，這一種情感訊號。當他們這樣問，大人可以透過提問，先探索孩子的問題由來，才有更好的對話品質。

上述的那些問話例子，都是我曾經驗過的提問。我將我的回應對話，簡單歸納如下，對話沒有標準答案，只有個人的脈絡，我提供個人心得，給予有心人參考：

一、

國中二年級的女學生，在我演講後的Q與A時間，公開提問：「人為什麼要讀書？」

學生問的起心動念，不太會是要冠冕堂皇的答案。較有經驗的對談者，會探索孩子的問題，比如：「妳怎麼會這樣問呢？」「妳讀書遇到困難嗎？」「妳不想讀書嗎？」此舉是核對問題。

我問女學生：「妳問的是一般的閱讀？還是學校的課業呢？」

女學生回答是後者。

我問她：「課業是否讓妳感到壓力？」

女學生立時紅了眼眶，並且點點頭。我停止了對話，邀請她如果需要，會後再找我談。

談話的目標，我會與孩子核對：想要解除壓力嗎？

二、

十六歲的高中生，在演講現場提問：「讀書真的那麼重要嗎？」

面對高中生的提問方式，有些大人很容易進入討論層次，回覆讀書對人生的重要性，卻忽略了和孩子核對，核對他提問是想得到什麼呢？是想得到答案，還是想要討論這個議題。

我問高中生：「你讀書遇到困難了嗎？」

高中生點點頭。

「怎麼啦？你可以說說嗎？」

高中生：「我每次考試成績都很糟糕。」

「那你怎麼辦呢？」

高中生：「我就更認真讀書。」

「結果呢？有達到你的期待嗎？」

高中生：「沒有！」

「那你怎麼辦呢？」

高中生搖搖頭，沉默不說話。

「你會很難過嗎？壓力會很大嗎？」

高中生：「我很難過，壓力也很大。」

「當你認真讀書，但是考試沒有達標，你怎麼看待自己呢？」

高中生悲傷的說：「我覺得自己很糟糕。」

可見我的對話目標，不是討論「讀書是否重要？」而是如何建立孩子的自我價值，甚至探索孩子讀書的問題，協助孩子建立讀書方法，或者協助孩子建立自己的舞台。

三、

小六的女生問我：「人為什麼要活著？」

我蹲下身子，專注和諧的問她：「孩子，這是個大問題，我能知道妳何時開始想這問題嗎？」

女孩突然哭泣了。

女孩告訴我，有一次被媽媽責罵，她感到非常孤單無助，不知道人為何要活著？

原來女孩的提問，是因為內在受傷了，而質疑自己存在的理由。

四、

這個對話的案例，我曾經在《心教》一書呈現。

會後，高三的學生們排隊給我簽書，其中一位藉機問：「如果我的人生沒有目標，該怎麼辦才好？」

我停下手邊簽名，專注的看著學生：「你沒有目標嗎？」

我此處的提問，是一個封閉的提問，核對他的訊息，確認他想知道的是什麼。

男學生搖搖頭，表示自己沒有目標，表情顯得有點兒悲傷。

我停頓兩秒，問他：「發生了什麼事呢？你怎麼會沒有目標？」（**再次核對與探索他的訊息……**）

「因為我國小發生了一件事……」他說著，眼眶紅了。

「你的難過是什麼？」（**再次核對與探索他的訊息……**）

「我覺得自己很爛！很懶惰！」學生忍不住哭了。

我的談話目標，不是回答他表面的問題，而是要建立他的價值。

五、

全校演講的場合，演講結束後，有一個簡單的對話。

十五歲的女孩舉手提問：「當一個班長，要怎麼學習公平？」

我詢問她：「妳是班長嗎？」

女孩立刻點頭。

我詢問女孩：「妳遇過公平與不公平的問題嗎？」

女孩再次點頭。

我提出邀請：「妳可以說說看嗎？」

當班長的女孩，提到前天維持秩序時，班上一位同學吵鬧，她屢勸不聽之下，將同學名字登記報告。孰知下課之後，那位同學前來抗議。

我詢問女孩：「妳覺得自己公平嗎？」

女孩說：「我覺得自己很公平。」

我繼續詢問：「妳會感覺委屈嗎？」

女孩當眾流淚，點頭表示自己相當委屈。

女孩的提問夾藏了自己的困境。若是我聽見女孩提問，只是回答如何學習公平，女孩應該會聽不進去吧！

六、

一個十歲的女孩，聲調帶著抱怨，詢問：「為什麼大人這麼煩？都要我們做無聊的事！」

「怎麼啦？妳遇過很煩的大人嗎？要妳做無聊的事？」

女孩立刻說了：「有呀！前天發生過……」

我探索她遭遇的困擾，發現她從某個事件的餘緒風波，感到自己被幾個大人制約。若我不是探索與核對，而是與她爭辯，灌輸自以為是的答案，或者認同她「大人很煩！總要求做無聊的事」的觀點，對話就不會開展了。

上述六個案例，多虧我還有鮮明的記憶，能簡述對話脈絡，與大家分享，藉由核對來面對「為什麼」的提問，以及後續如何的對話。我身在教育現場，類似這些提問與回答，幾乎每天都發生。若是留意彼此對話內容，會發現自己對話的慣性，並在路徑中覺察這是否是自己喜歡的路徑，要修正嗎？這能使自己的對話品質提升，並引領他人來到人生的下一個美麗風景。

定見是怎麼來的？

有個流行詞叫「腦補」，常常聽青少年這樣講：這件事情你自行腦補。「腦補」是指在頭腦內對事件的描述，自行進行補充、構成或完整想像，偏向自我的主觀意識。

如何將事件的留白處填滿，這需要個人的想像，或定見，不是嗎？

每當問題或事件發生，我的腦海隨即浮現答案或見解，大概類似青少年講的「我自行腦補」。這時我總會好奇自己，這個答案、這個觀點、這個定見是怎麼來的？定見沒有錯誤，每個人都有一套呼應世界的生存方式。但是不樂見的是，不斷以定見引起了衝突，以情緒傷害對方，也折磨自己。

我常看見爭執的人們，各執一詞的爭辯著，彼此執著於自己看法，認為自己的執著才是正確。這種爭執幾乎俯拾皆是，小到車子是哪國製造？賓士與寶馬引擎孰優孰劣？喝咖啡對健康的影響？紅檜與扁柏，何者是日本語稱之的Hinoki？學歷到底重不重要？哪個科系比較有前途……

爭執的人多半要「真相」，要一個「事實」，其實「真相」與「事實」從來不會因此而求得；以這樣的方式證實「真相」與「事實」，不僅失去的更多，甚至自我堅持的「真相」與「事實」都無法說服對方，淪為矛與盾的對立，這種情況變成了個人與個人、家庭與家庭、政黨與政黨、群體與群體的對立，定見不只是對立的劍鋒，還得靠著巨大的「負面情緒」來推動自己的執念，絕非社會長治久安的方式。

夫妻之間爭執一個觀念，親子之間爭執一個行為，朋友間爭執一個想法，人際之間爭執一個期待，爭執之後若是開展新風景，何嘗不好。但是爭執的代價，往往是賭氣、負傷與自責，落入破敗的人生風景。爭執的雙方面紅耳赤，非得有個輸贏，甚至絕交都有可能。

當人與人相處，充斥執著的定見，彼此缺少接納，彼此缺少好奇，人際關係便可想而知的糟糕，世間只有更多的過節，沒有再多的和解，永遠解不開彼此的結。

這是怎麼回事呢？人們這麼肯定自己的答案，執著於自己所認知的？

我們不妨思索以下這些提問：

- 答案真的這麼重要嗎？
- 別人同意與否重要嗎？
- 能做到表達自己，又不貶低他人嗎？
- 能表達自己而不指責他人，並且接受別人可能的犯錯嗎？
- 能接受自己也可能犯錯嗎？
- 我們還會好奇他人嗎？好奇他人的執著，好奇他人的觀點，好奇他人生命養成；並且學習怎樣去好奇的同時，不是以質疑提問，也不是帶著尖刺，或者充滿較勁意味，而是為著共同的目標，為著生命的大目標，在找出共同的價值之餘，仍舊能包容彼此差異的對話。

我們再深入想想底下的提問：

● 關於自己呢？我的這份執著怎麼來的？
● 執著的觀點、期待、不被意識的傷害，是過去的經驗嗎？
● 為何談論的雙方，會引發自己情緒呢？
● 我對自己的情緒好奇嗎？

綜觀台灣社會，除了周遭的小事爭執，社會上類似的爭執也不斷。比如「服貿」與「反服貿」，何者對台灣更有利？「執行死刑」與「廢除死刑」，何者更符合台灣的精神意義？「挺同志」與「反同志」，何者才更符合人的價值與意義？「自自由由」與「自自冉冉」，引發的錯別字爭議應該如何看待？在爭論之餘更動用情緒。

我發現社會的分歧，面對「議題」各抒己見時，幾乎沒有對話交流，只見對立，似乎只有「輸贏」而已，而且必定要你「輸」，我「贏」，贏者全拿，傲看輸者。身處於如此社會氛圍，影響了我們的人際關係、家庭互動、社群團體，甚至國家產生裂縫，也容易出現小團體，冒出畫地自限的小圈子。

也許有人願意讓裂縫存在，也要堅持自己的「執著」，不願意打開心靈去好奇自己與他人。或者這類的人欠缺能力，無法探索自己的這份「我執」，被裂隙牽絆而不自知。

因此，我對世界有期待，期待更多寬宏的視野者出現。新視野者的內在遼闊寧靜，能進行一場又一場的對話。當對話者深邃，有能力坦誠面對自己，有能力讓眾人覺察，對執著者包容以對，即便面對固定答案，或者標準答案，那些「我以為」、「天經地義」、「應該」或「永恆不變」諸如此類的問題，幾乎都能以好奇展開對話。我想，那是美麗的大同世界，並期待早日到來。

關於每個人的定見何來，我想起一個「傳說」，一個關於猴子的實驗。這傳說在網路流傳一段時間，我原本以為是笑話，後來搜尋到是G.R. Stephenson在一九六七年以獮猴為對象進行的實驗，目的是研究社會行為傳遞和延續，並收錄在該年出版《靈長類的進化》一書。只是網路的資訊浮濫，我並未更仔細分辨資訊，並不確定資料的出處，是否真有其人，是否真有此實驗？但這個故事相當有趣，我放在結尾處，供人們深思自省定見的由來。

猴子的實驗

科學家將五隻猴子關進鐵籠，代號分別是A、B、C、D、E。鐵籠的天花板掛著香蕉，梯子放置於香蕉正下方。

五隻猴子發現香蕉，爭著爬上階梯搶香蕉。

實驗設計從此開始：只要任何一隻猴子，開始攀爬階梯，研究人員會對著五隻猴子噴冰水，這種「連坐法」使得未攀爬的猴子也遭殃。

每隻猴子都想吃香蕉，一旦碰到梯子，研究人員便向所有猴子噴冰水。這樣的狀況一再重複，直到五隻猴子記取教訓，即使有香蕉的誘惑，也不敢去攀登階梯了。不只沒有猴子敢攀爬，更提防其他的猴子攀爬。

五隻猴子學「乖」了，研究人員將五隻猴子之一的A移出至別處，放一隻新成員猴子「甲」進來了。猴子「甲」想吃香蕉，立刻爬階梯去拿。計畫變更了，研究員沒有以冰水伺候，但B、C、D、E這四隻猴子，竟然跳上「甲」猴子，壓著牠亂打。猴子「甲」被打了多次，也就學乖了，不敢再打香蕉的主意。

實驗持續下去。一旦新猴子學到教訓，就再引進另一隻新猴子，替換原來的猴子。科學家陸續放出B、C、D、E，放入了乙、丙、丁、戊四隻猴子，有趣的是當猴子「乙」要吃香蕉，不只C、D、E毆打牠，連沒有遭受冰水折磨過的猴子「甲」也加入逞凶。

最後留在籠子裡的五隻猴子，分別是甲、乙、丙、丁、戊，沒有一隻是曾被冰水噴過。但是五隻猴子不敢去吃香蕉，即使研究人員早已撤掉冰水，五隻猴子也不敢靠近梯子。

猴子甲、乙、丙、丁、戊都有被打經驗，牠們知道不能吃香蕉，但是並不知道為何不能吃香蕉。

猴子與人都是靈長類，某些行為模式相近，使得實驗給了我啟示。在人們的經驗裡，有多少是不合時宜？有多少是源自受傷經驗，因而創造出各種的執著呢？只有坦誠的探索自我，重新思維與好奇，才能夠覺知真相。

我不禁思考著，往日的我是猴子「甲」嗎？未歷經冰水的折磨，卻容易被沿襲的文化制約。我的執著是怎麼來的，為何聽見某個觀點、某個期待、某個行為，會那麼的受傷、生氣、無奈，甚至恐懼呢？

直到我學習薩提爾模式，人生轉韻，懂得好奇了，覺知自己的執著，朝向一個更自由，更寬闊的人生邁進呢……

讓孩子擁有生命力的對話

試想著以下的畫面：

晨曦落下，輕輕落在島上，為大地鍍上一層琉璃膜。世界不再黑暗了，因為移動的太陽光，會照進每道縫隙。陽光落在每座學校，也落入每間教室、每張桌子，但並非每位學生能感受陽光的溫度。

總有學生缺乏學習動力，他們的功課無法完成，總是勉強到校，難以融入課堂學習，眼睛不是空洞的看黑板，就是趴在桌上睡覺。無論老師如何鼓勵、勸說或幫忙，他們就是燃不起精神，過一天算一天。那些日劇《麻辣教師GTO》或《夜之教師》裡的動人教學劇，那些學生幡然改變的情節，似乎不會發生在日常校園。時逢

對話的力量

以一致性的溝通，化解內在冰山

加速的年代，這樣的情況更廣泛，教師往往束手無策了。

「我該怎麼辦呢？如何帶領那些孩子？」

我常到各處分享親師、師生或親子互動。不少教師提出類似問題，問我該怎麼辦？不知道該如何解決。我總是鼓勵這些教師，並且分享對話的方向，期許他們更接納自己，在校園發展生命能量。一個人的時間有限，這是我僅能提供的有限協助，但是我認為改變對話的方式，覺知彼此的觀點與經驗，進而觸及彼此的生命力，必能為世界帶來改變。

所幸台灣出現新教育浪潮，推動校園新學習，比如張輝誠老師的「學思達」，改造了課堂的面貌，帶動了新世紀的教育面貌。然而教育永遠是大計，永遠會遇到各種處境，我也常聽聞各類問題，仍舊耗損第一線教師的能量。

我如此看待對話的力量，是深信生命有其力量，支持生物的成長，對話能開啟生命力。人若能連結生命力，就懂得重視自己，接納自己，進而愛自己，也能接納他人、愛他人。

當每個人意識到，並體驗自己是獨一無二的生命體，必定珍惜且感到有力量，並且為自己負責任。能體驗自己的價值者，必有機會為自我帶來創造，遇到挫折便能接納，有勇氣面對了。

如何培養孩子，讓他們擁有生命力呢？最簡單的方式，就是和孩子對話，在「人」的基礎上對話，和諧而平等的對話，而不是陷入「問題」的對話。唯有建立在人的基礎上對話，不會只看見結果，而會看見人的歷程，看見人在歷程中的力量。

我們成長於聽話系統，常會忘記看待人的歷程。本書分享的案例「小鎧」，媽媽當然愛小鎧，但是媽媽執著在看見結果，孩子就看不見自己，更無法連結生命力了。一旦媽媽用對話精神與小鎧溝通，孩子就能看見自己，也看見媽媽的愛了。

因此在愛裡對話，喜悅的陪伴孩子，在陪伴中看見自己，也在陪伴中看見孩子，孩子便能連結生命力。

我曾在演講場合，看見親子一同出席。我問台下十一歲的小女孩，最想與爸爸做什麼？

女孩不假思索的說：「我想和爸爸玩扮家家酒。」

我繼續詢問：「爸爸跟妳玩過嗎？」

女孩帶點兒失落的搖搖頭：「爸爸說他很忙……」

女孩的父親坐在一旁，有點兒不好意思。

我決定為女孩做些事，因此詢問她：「我邀請爸爸陪妳玩，問問看他能否答應，每個月抽出五分鐘陪妳玩，妳覺得好嗎？」

天真的女孩開心的笑了，點點頭說：「時間可以再長一點嗎？」

「那麼每個月一次，一次十分鐘好嗎？」

小女孩開心的笑了，點點頭答應了。

我轉頭詢問父親，可以允許這個請求嗎？父親微笑答應了。小女孩感激的低下頭，看得出喜悅的表情。

愛的能量

我推動家庭對話，邀請父母每天撥五分鐘，和自己的孩子對話，乃因五分鐘時間短暫，父母不至於有負擔，人人都能夠做得到。雖然僅僅五分鐘對話，卻能創造親子之間互動，讓彼此內在真實流動。我邀請父親答應女孩，每個月一次十分鐘遊戲，對父親而言應不困難，但是對女孩卻很重要。

十一歲的女孩，即將步入青春期，還會想與父親玩多久呢？當女孩逐漸長大了，為功課繁忙，並將她的眼光望向同儕，甚至是青春期的男友，將少有機會和父親玩遊戲了。設想日後女孩長大了，回憶父親與自己共處時光，想到玩扮家家酒這一幕，該有多少溫馨的感覺，應該充滿愛的畫面吧！

親子之間的對話，若能讓孩子感受到愛，感受到自己的價值，對話就有了豐沛的能量，孩子容易擁有豐富生命力。我歸納了幾個語言，邀請父母若真心有感，將之運用於對話，親子之間應有深刻連結。

- **當孩子為你做了些什麼，哪怕是再小的事，都專注的跟孩子說謝謝。**
- **跟孩子在一起玩耍時，除了全心投入，並且告訴孩子，你很開心與他在一起。**
- **下班後見到孩子，或者孩子放學回家，告訴孩子你很想念他。**
- **與孩子共處於寧靜的時光，感覺細膩美好的時刻，告訴孩子你愛他們。**
- **跟孩子進行散步、喝茶與欣賞陽光時，告訴孩子多喜歡與他們在一起。**
- **當孩子生病痊癒，或者經歷挫折，告訴孩子你很珍惜他們。**
- **看見孩子展現自己，比如為你表演一段，告訴孩子你感到幸福。**
- **跟孩子品嘗食物，觀賞美景或一朵花，告訴孩子你喜歡在一起的美好。**

不只是跟孩子說，跟家人共處時，跟學生共處時，跟好友共處時，讓他們知道生命裡的美好，都是重要的事。

生命的基礎價值

除了直接告訴孩子，讓孩子連結生命力，還可以怎麼啟動生命力呢？

我分享如下的對話經驗：

十四歲的男孩寫不出作文，媽媽帶他來作文班學習，他願意來嘗試，期待寫作能力進步。

我以對話探索，問他發生什麼事？怎麼作文都寫不出來？

男孩表示自己「不會寫」，看到題目之後，一個字都擠不出來。他會寫國字呀！也會說話，卻不會寫作文，表示寫作能力卡住了。我若有時間對話，會在他的書寫經驗裡探索，是否曾被師長指責過？是否有負面經驗影響，使他被限制住了？因此在寫作班課堂，我直接跟他核對目標：「你想要學會寫作嗎？」

他點點頭說，當然想呀！

我邀請他寫爛作文！想到什麼就寫什麼！

男孩很驚訝，狐疑著，大概是認為寫作文不就是寫好作文，為何要寫爛作文。

我提醒他，我們的目標是「學會寫作文」！會寫作文的方法就是從寫爛作文起步。

允許孩子寫爛作文，這是一種「接納」，接納自己「寫不好」，接納自己慢慢進步。**接納是生命的基礎價值，若是人連自己都無法接納，生命的力量就會被卡住了。**

男孩笑著和我對話，答應我開始寫作文了。他看見我的接納了，也比較接納自己了。

男孩寫了四行左右，抬頭跟我說：「我寫不出來了。」

我再次邀請他大膽寫作，隨便寫什麼都可以。但是男孩卻回答：「可是我真的寫不出來了！」

我走到男孩前面，蹲下來與他談話。

我很認真的問他：「你可以吃苦嗎？」

我認為「吃苦」就是面對挑戰，勇敢面對而不退縮，是來自「生命的基礎價值」的支持。這需要說明的是，在對話中談「吃苦」（以及本文後面羅列的失敗、挫折……），並非一件易事。**若是大人未先接納孩子，孩子也不接納自己，或者大人和孩子內在沒有聯繫，貿然問孩子能否吃苦，只是滿足師長自己的期待，並讓孩子感到壓力而逃避。**

男孩跟我說：「可以呀！我可以吃苦呀！」

「現在你正在吃苦哪！你剛剛很努力突破，終於寫出文章了，但是遇到一個瓶

頸，要面對困難吃苦了！會感到焦慮不安，對嗎？」

男孩點頭說：「對呀！」

「我邀請你深呼吸一口氣，即使焦慮與不安，也要專注的面對作文，這就是你在吃苦了。如果還是寫不出來，你也已經盡力，時間到就可以下課，因為你願意吃苦面對，這樣可以嗎？」

男孩答應願意試試看，隨後專注面對作文。看來「吃苦」的對話，讓他意識到努力以赴，最後將文章完成了。

仍舊必須說明的是，對孩子提問是否能吃苦，並非藉此滿足自己期待，讓孩子最終達成結果，而是陪伴孩子的生命長出力量。在對話過程中，大人必須真誠面對自己。

什麼是「生命的基礎價值」？簡單說就是生命力的來源：一個人能感受到「愛」，能感受到自己的「價值」，感受到被人「接納」，感受到有「意義」，感受到「自由」。這些價值不是被灌輸，而是透過對話的精神令自我覺察，才能有力量。

這些生命的基礎價值，都需被自己「看見」，被自己所「體驗」。社會上用以體現一個人的價值，往往是藉由成功、收穫、得獎、功成名就等，這是外顯的呈現被人重視，不是自己看見內在生命力。人若是能真實看見自己，連結內在的生命力，人就有了深刻的力量。

當一個人有了深刻力量，即便面對失落、挫折、失敗、困難等，還是會願意堅持、願意努力、願意吃苦，就是人生的重要價值。**這是為什麼在教育中，不是一味要求孩子爭奪名次，不要著重外在表現，而是期待孩子連結生命力。因為連結生命力的孩子，能擁有自己的意志，懂得運用生命的力量，便能活出最好的生命狀態。**

當孩子沒有目標

在本書「核對式提問」一章節，我提及在對話中核對目標，是很重要的步驟。但是有師長詢問，若是孩子不想改變呢？該怎麼辦才好？那不就沒有目標了嗎？

我認為，沒有人不想追求自我價值，這是人的存在意義。當孩子對大人說他沒有目標時，不代表他沒目標，**「生命的基礎價值」就是目標**，每個人都在這基礎上站起來。

生命價值是一種體驗，一種能量的展現，孩子若能經驗過上述的美好，而且家長能經常分享美好的體驗，幫助孩子覺察自己的存在，豐盛的美好存於內在，生命的價值就更穩固了。當孩子遇見挫折，以穩固牢靠的生命力為基礎，對話便能帶起更大的能量。

對話的力量

以一致性的溝通，化解內在冰山

二〇一六年十二月，第一屆亞洲學思達年會在台北舉辦，不少老師利用假日精進，令我無限感佩。趁課堂中場休息，石牌國中林芸芷老師問我：「若是孩子不寫作業，上課趴著睡覺，而且不想改變呢！」

「我該怎麼辦呢？如何帶領那些孩子？」

她又問我，眼裡是盡責的渴盼。

這是我此篇起頭模擬的場景，當陽光落在全世界的教室，總有學生無法感受這股暖意。於是，我邀請這位教師角色扮演，由她扮演這位學生。接下來我用了對話精神，和林老師對話五分鐘，以體會連結的方式，什麼樣的對話，更具有感動與啟發性。即使是角色扮演，林老師臉龐也有情緒流動，顯現內在被觸動。

林老師提到孩子不想改變！孩子為何不想改變呢？一般人的對話會糾結在「事件」與「問題」，當對話在問題打轉，孩子會倍覺壓力，甚至有被指責之感。真正的對話是以「人」為主，對人產生關懷，關心人如何應對問題？既然以「人」為本，就能接觸人的生命力，接觸孩子內在：想活得有價值、想活得有意義、想要被接納、想要被愛，也想要自由的生命能量。

林老師很認真，返回學校後，仍保有對話的心念，立刻跟孩子對話了，雙方得到了迥異以往的觸動，令林老師大為感動。我徵得林老師的同意，將他們的對話呈現。以下對話稍事更動，並為孩子取化名，較為完整且保有隱私的呈現。

十五歲的小原沒有生活重心，不喜歡寫功課，更別說考試了，總是題目猜一猜就睡覺了，上課也是在睡覺。

小原的家中成員有爸爸、奶奶，單親。在小原四歲時，媽媽外遇，離開家了。

小原的功課再次未寫，老師邀請小原對話。

「小原，老師問你一個問題，是關於私人的問題，我可以問嗎？」

小原說：「好啊！」

老師：「四歲媽媽離開你時，你的感覺是什麼？」

小原不說話：「……」

老師：「是難過嗎？還是憤怒？還是無奈呢？」

小原：「一般人應該都會哭吧！」

老師：「我想也是呀！除了難過以外，還有一絲絲憤怒嗎？」

小原：「還好。難過比較多吧！」

老師：「小原，你知道嗎？老師覺得你很不容易。從小媽媽不在身邊，可是你可以還活得這麼好。我的意思是，你沒有走偏，知道明辨是非，知道什麼該做什麼不該做，不會吸毒販毒……你知道嗎？這真的很了不起。」

小原沉默著，眼眶泛紅著。

老師：「小原，如果時間倒流，你會希望媽媽別離開嗎？」

小原：「不會吧！」

老師：「怎麼說呢？你可以多講一點嗎？」

小原：「因為這樣會被管太多。」

老師：「你是說，媽媽很愛管你嗎？」

小原：「不是，是她跟爸爸兩個人在的話，這樣就會管太多。」

老師：「所以你的意思是，你很不喜歡被管、被念嗎？」

小原：「對啊！我會覺得很煩。」

老師：「那現在爸爸也還會念你嗎？」

小原：「會啊！」

老師：「念的內容是不讀書、還是不做家事、或是其他的呢？」

小原：「應該是不讀書吧！」

老師：「那你想改變嗎？」

小原沉默不說話，但是眼眶再次泛紅了。

老師：「我相信沒有人想要墮落，可以告訴老師嗎？你曾經想過要改變嗎？」

小原：「曾經想過。」

老師：「在什麼時候呢？國中，還是小學？」

小原：「都有。」

老師：「我感覺你內心有渴望，你真的想改變，否則不會國小國中念頭都出現。」

小原不語。

老師停頓了一下說：「那你後來呢？有實踐你想要的改變嗎？還是念頭一閃後來就沒有了？」

小原：「什麼意思？」

老師：「後來你有試著改變一些做法嗎？還是只是想想而已。」

小原：「想一想而已。」

老師：「怎麼啦？」

小原再次沉默著。

老師停頓之後：「是因為你覺得自己做不到，所以沒有去做？還是你覺得做了也沒用？」

對話的力量

以一致性的溝通，化解內在冰山

小原：「做了也沒有用！」

老師：「那你想要改變嗎？」

小原：「想吧！」

……

接下來，老師跟小原陳述，踩穩想要改變的核心目標。但這個目標如何進入呢？所幸老師關注小原這個「人」，關注的是小原的**「生命基礎價值」**，讓小原看見自己的力量，也感受自己被接納，燃起勇氣，繼續奮鬥，有胸襟接納自我的不足，面對未來的挑戰。

林老師跟小原談話之後，寫了一封簡訊給我：「今天我跟學生談了很久，包括作業沒寫的問題。整個談話的過程，我運用您昨天教的對話方式。學生眼眶從頭到尾都泛紅，我感覺到他的內心有情緒流動，眼神也變得溫柔許多。學生也跟我做了一個約定，以後要寫回家作業。談話完之後，他在辦公室外面，寫了國習跟國講，整整四十五分鐘，我也很感動。謝謝阿建老師，我知道這才是剛開始，這個開始卻非常關鍵。這也是第一次，我跟學生有這麼深刻的談話，我深深感到這個孩子的孤獨，以及他的不被理解。我深怕自己以後會忘記，忘記這樣的談話核心，將整個對話都記錄下來，希望能時時刻刻提醒自己：孩子行為的表現，不等同於這個人。教師不是處理問題，而是理解他的生命，協助孩子連結生命的力量……」

這是動人的案例。林老師只是初次跟我學對話，卻如此迷人，她不僅開啟了孩子的生命力，也開啟了自己的生命力。她與孩子的對話中有甚多議題，有待細部討論與探究，但是我為林老師獻上深深的敬意，第一次的對話就如此深刻。三個月後，林老師來信告知，小原獲頒學校進步獎，並傳了小原的心得給我看，我為他們驕傲。

日前去世的加拿大詩人歌手李歐納・柯恩（Leonard Cohen）說過：**「生命都有裂縫，那是光照進來的契機。」**生命在成長中歷經碰撞，這些累積的挫折塑造了人的獨特靈魂。這是上天賦予每個人特別靈魂的過程，塑造獨一無二生命體的方式，人無法被複製就是這原因，連雙胞胎都無法擁有相同靈魂。然而，那些能照進靈魂裂隙的光，不是抽象難解的隱喻，而在擁有對話能力者的身上，因為對話就是光。

對話就是光，再怎麼樣受傷的生命裂隙都能透進去，能照進教室裡失去生命力的孩子，使人成長。對話是光，能照進彼此的內心，只要那麼一點光，內心角落的種子會發芽的。我深信，每個擁有對話能力的教師或家長，都是每個孩子的契機。

對話的力量，能回到生命本然的力量，回到「生命的基礎價值」，這樣的對話隨時可以運用，核心的目標是關心孩子，接納孩子，看重孩子，我們才能引導孩子看重自己，接納自己。

對話的力量

以一致性的溝通，化解內在冰山

我再分享一個案例。

前陣子，我到馬來西亞分享教育理念。一位當地十二歲的女孩，與我從未近距離接觸，只聽過我的演講。事後她寫訊息給我，詢問成長之惑。我原本以為她是家長，最後才知道她是孩子。於是我們彼此有了段文字對話：

女孩：「請問老師，壓力是如何形成的？一旦面對了壓力，要如何放鬆？」

我：「妳問面對壓力，要如何放鬆呀！我用短訊的文字不好呈現！很難說明白呢！因為壓力的成因，來自妳看待事情的態度，看待自己的態度，這與成長背景有關。」

女孩告訴我，她在學校聽了我的講座，將我的名字記下，寫了簡訊來。

我回應她：「原來妳是孩子呀！我以為是家長呢！遇到什麼事有壓力呢？」

女孩：「讀書有壓力，感覺心裡面有東西，壓得我很辛苦！」

我：「我知道了。家人有給妳壓力嗎？」

女孩：「有！」

我：「難怪妳有壓力了。那妳怎麼辦呢？」

女孩：「我也不知道！」

我：「壓力有造成什麼影響嗎？」

女孩：「我的心裡很難受，有時會很想哭！」

我：「那妳允許自己哭嗎？」

孩子：「我允許自己哭！」

我：「好的。允許自己哭，這樣是好的。當妳考不好的時候，父母會責怪妳嗎？」

女孩：「會。」

我：「嗯……孩子，父母對妳有期待，但他們大概不知道，妳有很重的壓力。我問妳一個問題，妳允許自己失敗嗎？」

女孩：「不允許！」

我：「那妳父母允許嗎？」

女孩：「允許！」

我：「那妳怎麼不允許呢？」

女孩：「因為我對自己的要求很高！」

我：「再問妳一個問題，妳看重成績好的學生，還是看重認真的學生呢？假如妳失敗了，妳還是個有價值的人嗎？」

女孩：「因為我的預考成績，考得不是很好，我很自責！」

這是簡訊對話，我不習慣在網路上停留，喜歡面對面談話，而且我需要時間休息，因此決定結束這場對話。

對話結束之前，我在「生命基礎價值」上給予她意見。

我最後的結束句子是：「我要去休息了。最後我想跟妳說，即使妳失敗，妳仍舊沒放棄吧！那就是值得尊敬的人，不是嗎？妳這麼努力，難道不值得看重嗎？」

女孩：「謝謝老師。這樣說完以後，我現在好多了。」

「生命的基礎價值」是人的生命力原點，可助人面對煎熬與痛苦。「生命力的基礎價值」在每個人內心，因為成長背景之故，不是每個人都能體驗到，它需要被提點，也需要被看見才能啟動運作。若是與孩子對話，正需要大人的陪伴；大人的目標在於接納與愛孩子，以啟動他們的「生命價值基礎」。

在這個前提之下，對話中的提問可以好奇孩子：怎麼可以這麼勇敢？怎麼可以這麼努力？怎麼這麼辛苦，還願意繼續？……這些提問都有益於建構生命力的棟梁。

我歸納了幾個在「生命的基礎價值」提問的語句，供讀者參考：

- **「你可以吃苦嗎？你可以失敗嗎？」**
- **「你可以失落嗎？」**

● 「你願意為自己負責嗎？」
● 「你允許自己考不好嗎？」
● 「你允許自己做不好嗎？」
● 「你允許自己挫折嗎？」

在這些基礎提問之後，若是孩子說不行，或者不願意，我會懷著愛說我的期待，同時也允許孩子的不願意。在本書下一篇的沛羽吃藥，即是呈現這個脈絡走向，有時候孩子說不願意，我會重新讓孩子學會負責任，重新詢問孩子：「那怎麼辦？」並且和孩子重新核對目標，使孩子為自我負責。

懷著愛陪伴孩子，孩子往往願意往前邁進，也連結了自己的生命力了。對話過程未必是通暢的小徑，常常充滿曲折，那是因為人的內在複雜度往往超越自己所知，但經過波折的對話，對我而言也是美好的景致。對話是一道光，這道光可以轉彎，我不是談論物理空間的重力曲折，而是靈魂空間就是渴望明亮的，只要我們在對話中懷抱好奇與愛，和諧的對話，靈魂就會有強大的引力，自行將光吸入，照亮「生命的基礎價值」。

對話是光，最後可以使垂頭沮喪的孩子，或趴在桌子上的學生，抬起頭多看看這世界了，不是嗎？

不吃藥的孩子，願意吃苦了

有一回朋友聚會，大家談起吃藥經驗，講到小時候被灌藥——幼兒拒絕吃藥，大人強行餵藥。

小孩的免疫力弱，容易生病，被帶去看診之後，難免打針吃藥。小孩還不會吞藥丸，只能吃研磨細碎的藥粉，時常拒絕苦口的藥。那一次的聚會，朋友們分享灌藥經驗，最常出現的招式是捏鼻子，趁孩子張口呼吸，突然灌入藥水。各種方式如大觀園林林總總，包括拎著耳朵灌藥、壓住手腳灌藥、用小湯匙壓舌頭灌藥。

朋友們進入中年，多半為人父母，面對自己孩子生病，多少祭出當年被對待的方式，因為想不出計策餵藥，認為灌藥乃不得已。也有較溫和的方式，比如把藥粉混合果醬、牛奶或果汁，後遺症是小孩感官不悅，病癒也不愛吃這些東西。如今廠商為解決「良藥」之「苦口」，出產一種「餵藥果凍」，將藥粉與果凍粉混合，摻水製成果凍，減少吞嚥時的苦味。

有位朋友告誡，新聞曾報導吃藥悲劇，大人捏小孩的鼻子灌藥丸，造成藥丸吸入氣管而喪命。即便如此棘手凶險，父母一旦遭遇幼兒生病，面對幼兒拒藥費盡心思，常是家庭中慌亂的戲碼，因為孩子不易乖乖吃藥！衍生出幼童與家長的灌藥大戰。

「我要是小孩，真不希望被灌藥。」我心有所感的表示：「除了灌藥這種方法，應找出其他的解決方式。」

「這是沒辦法的呀！小孩都不吃藥。」一位朋友知道我未生育，單刀直入的調侃：「你要是有養小孩，就知道當家長，比當神仙還難。」

身為家長的角色，遇到吃藥的狀況，的確很難兩全其美。但是強迫的方式，對孩子身心並不妥善，表面上解決吃藥的問題，易衍生出孩子懼藥心理。傳統的灌藥方式，我不確定是否合宜，我只在乎恐懼一旦深埋，彷彿細微敏感的火藥引線，身心應對此事易感焦慮，而幼童亦知曉需吃藥，又花力氣抗拒吃藥，那種焦慮、恐懼、生氣與懊喪混合的違和感，讓我心裡有深深感觸。心理學家研究人類學游泳歷程，將懼水的初學者，不管其恐懼與抗拒，直接丟入水中，雖然學會游泳了，但是每次入水的剎那，心靈總有一絲焦慮與恐慌。大家認為學習游泳，此舉理所當然，卻忽視焦慮恐懼的影響。

除了灌藥舉措之外，還有沒有其他方式，讓幼兒願意吃藥？

我有一些與幼兒互動的經驗，透過對話的方式，更深一層討論，面對不吃藥的小孩，讓她願意吃苦……

不吃藥就是不吃藥

二〇一六年寒假期間，流感肆虐台灣，不少人生病了，感染A型與B型流感，不易迅速治癒，身體痠痛無力，患者不斷發燒。胞弟一家人得了流感，近一個月斷續發燒，那真是痛苦的事。

胞弟陪著兒子住院了，弟媳陪著女兒住家裡，兩人分頭照應孩子。

沛羽當時年僅四歲，身體折騰著反覆發燒，不斷回診開藥，除了耐心等待病癒之外，沒有別的辦法了。一日又到了服藥時間，沛羽大概厭煩了，鬧脾氣不想吃。家人苦勸了好久，也哄了甚久時間，仍無法說服沛羽，紛紛主張灌藥。

灌藥雖然不妥當，卻也是沒辦法的事。孩子生病這麼久，不僅孩子沒耐性，大人也沒耐性呀！這是教養的兩難時刻。家人身陷流感之際，唯有我倖免了，大概這個緣故，我內在比較寬鬆吧！

吃藥固然是眼前「大事」，我也不願沛羽被灌藥，除了孩子對大人的戒心，往後為吃藥這件事，心裡有陰霾則不妙。我腦袋總有「最後計畫」：要是沛羽不吃藥，最終若需要住院，我願意陪她去住院，心想我工作較為自由，即使幾天沒有收入，日子仍能無虞過下去。

面對我的「最後打算」，家人靜觀我面對沛羽。

對話的精神是雙方溝通，並不是說服彼此。對話的最終目的，亦非導向大人的期待，而是覺知彼此的意識。但是對話說來簡單，有時候面對現實，真是不容易呀！尤其遇事的每個當下，都感覺茲事體大，甚難不在期待上對話，即使我面對沛羽，若彼此期待有落差呢？愛的對話仍舊存在嗎？

我蹲下身子，以專注穩定的語氣，與沛羽談吃藥的事。

沛羽看見我一蹲下來，便知我來勸她吃藥，哇的哭了起來。

我停頓了許久，懷著對姪女的愛，堅定詢問她，探索、理解與接納沛羽的感受，但是這些接納與理解，並不是為了滿足我的期待。

對話的力量

以一致性的溝通，化解內在冰山

沛羽依然不肯吃藥，那麼我該如何是好呢？

大人最困難之處，在於孩子未滿足自己的期待，該怎麼應對呢？道理一經說明，人人都能懂得，但是如何面對自己「未滿足的期待」？大人明明就是為了孩子好呀！因此詩人拜倫說：「任何戰爭皆起自於善意。」

對話的雙方常有情緒，在於雙方都出自善意。因此對話者需要坦誠，坦誠的覺知自己的情緒，當期待未被滿足時，覺知自己的煩躁、生氣、沮喪與無奈，並且學習應對自己的內在，為自己的情緒負責任，才有更穩定的力量對話，將對話通往更深的覺知，彼此的愛、價值與接納才能體現。

沛羽持續鬧著脾氣，哭泣著、僵持著，反覆說「不要」，她別過頭去，堅決抗拒我。我愛著這個小女孩，即使她正在鬧情緒。我溫柔緩慢的告訴沛羽，不能不吃藥，這樣感冒不會好，並始終堅定的說：「阿伯希望妳吃藥。」

執拗的沛羽，也始終抗拒的說：「我，不要！」

面對沛羽的堅持，面對自己的期待未滿足，我檢視自己內在，感受仍舊寧靜，沒有慌張焦慮，大抵我看見自己的愛，看見自己的「最後計畫」，只是彼此辛苦一點兒。我檢視與照顧自己的內在，冒出了詼諧想法：「即使我來勸說，也不能讓沛羽吃藥呀！那就更耐心的等待吧！我願意用更大的耐心，陪伴這個可愛的孩子，因為我很愛她。」

我決定，暫時不讓沛羽吃藥了。

這決定，並不符合家人期待，他們說怎麼行？不吃藥怎麼康復呢！

我只是回應：「最壞的情況，就是我陪孩子去住院吧！」我請了幾天假，將演講的時間挪日期，決定好好陪伴孩子，所幸家裡負擔得起。

我跟沛羽說：「走吧！阿伯帶妳出去晃晃……」

弟媳並不放心，跟出門來了。臨上車之前，弟媳想去診所拿藥，卻忘了拿證件，折回屋裡去了。

車上只有我與沛羽，剛好有機會和她獨處，我再次和她對話。

我們都朝一致的目標前進

我與沛羽待在車內。我從駕駛座回過頭，看向後座的她，這個童稚可愛的臉龐，帶著一絲倔強：「沛羽呀！感冒很痛苦吧！」

沛羽點點頭。

「不能出去玩，也不能吃很多東西，對嗎？」

對話的力量

以一致性的溝通，化解內在冰山

沛羽說話了：「我想玩……但是我感冒了。」

「……沛羽，妳想快一點兒好起來嗎？」我這樣說時，看見沛羽點點頭回應。

這簡單的對話，其實也是核對彼此的目標。

我常常將對話的程序，**以普通對話、深刻對話、討論的對話、面對問題的對話、冰山的對話這五個進程看待。對話中的脈絡，則有探索、核對、體驗、轉化與落實。**此刻我與沛羽的對話，接近討論的對話、面對問題的對話，我一則探索孩子，一則與沛羽核對彼此目標。

沛羽的內心也期待痊癒，期待自己快點好起來，和我期待她康復是一致的，我們都有相同的目標。

梳整我多年來的對話經驗，常覺得大人和孩子的目標，幾乎都同屬一致。只是朝向目標邁進的過程，孩子若是卡在困難處，比如總是賴床、讀書不專心等等，大人甚少有耐性探索，找出孩子卡在哪個關卡？更遑論核對彼此的目標，取而代之的是說教、命令與指責方式應對，往往造成親子對立，結果適得其反。

我學習薩提爾模式之後，學會陪伴與探索，卻也有不少人向我反映：「時間來不及呀！」比如孩子生病，灌藥在時間效率上，能達到即時效果。我常有深深的體認，效率常為大家所看重，但不一定能真正解決問題，或者不能擁有最好的效能。

為此我常常反問，慣性的應對方式，比較有效率嗎？即使一兩次有效，時間久了呢？會有良善的結果嗎？若是慣性方式的引導，結果並沒有比較好，那就試試和孩子真心的對話。

當我貼近孩子，發現我們目標一樣，孩子便能說出困難，也就看見解決困難的曙光。最後的結果顯示，只要能懂得孩子的心靈，貼近孩子心靈，理解孩子，他們都願意邁向目標。然而對話的目標，**不是導向「我的」期待，而是「貼近」彼此心靈，陪伴孩子探索困難。**

回到我與沛羽的車上對話。**她也想要趕快好起來，我們的目標一致，方式只有吃藥一途。**我再次詢問沛羽：「妳要吃藥嗎？」

沛羽聽見我這麼說，倔強的將頭別過去，兩行眼淚再次流下來了。

「……沛羽呀……生病要吃藥才能好。」我重複陳述著。

沛羽倔強著，嘴唇緊緊抿著呢！

核對了孩子的目標，我要探索孩子的困難。

我要透過對話，探索她不肯吃藥的原因，我想了解她怎麼了，這就是對話的目的，探索沛羽卡在哪裡？

「……沛羽……妳不想吃藥呀？……」我重複確認她的答案。

車上只有我們兩人，沛羽也許比較輕鬆，她轉過臉來，對我搖搖頭。

「怎麼啦？是不是藥很難吃呢？還是吃藥後，讓妳很不舒服呢？」**我為詢問加上了選項**，這是封閉的提問，目的是讓她有所依循，能夠核對自己困難，因為她還不到五歲。

沛羽點點頭說：「因為藥很難吃。」

「藥很難吃呀！很苦嗎？」

沛羽點頭，很誠實說：「嗯！很苦！」

我們對話至此，沛羽反應藥太苦了，若不經細心詢問，大人無法確知，或者只是知道原因，並未透過對話讓孩子覺知。我意識要解決問題，是讓孩子知道良藥苦口？或者陪伴孩子面對吃苦？成了我接下來的對話目標。

成為願意吃苦的孩子

有些用心良苦的媽媽，看中食物的營養，會將洋蔥、胡蘿蔔或番茄等，以刀工或烹飪過程，改變食材的外觀或味道，成為討厭這類食物的孩子的盤餚。同樣道理，面對幼兒吃藥，現在有「餵藥果凍」的發明。

我對幼兒服藥的知識，屬於老派——直接服用，因為就我的認知，現代的藥精緻而簡單，不似過去那份難以吞嚥的苦味。或許沛羽生病太久，藥粉的量多且苦，難以下嚥又未見好轉，內在甚難忍受這份無奈呀！

我如何應對沛羽的困難？一如家長面對孩子的困境。

我理解孩子的苦悶，在此停頓下來了。

過了一會兒我才繼續：「……沛羽……那怎麼辦呢？妳想要趕快好，但是，藥太苦了……」

沛羽皺起了眉頭，神情無助，她也不知道該怎麼辦呀！

「……沛羽呀……阿伯問妳一個問題……」

我將對話的核心，轉至另一個大方向。

沛羽睜著眼睛注視著我，等待我要問她的話。

「……妳可以吃苦嗎？……」這是我對孩子的期待，我期待孩子能吃苦，那是她面對將來、面對困難的資源，而我會陪伴孩子吃苦。

沛羽噙著淚，搖搖頭表示不想。這是理所當然的答案。

她倔強稚氣的臉龐，在我的凝視下，眼淚鼻涕橫流。我擦擦她的鼻水。

我停頓了一陣子，繼續寧靜緩慢的說：「……沛羽……阿伯要妳試試看，勇敢的試試看，阿伯會陪妳呀……如果太苦了，妳吃不下去，阿伯也會陪妳，不會逼妳吃藥。剛剛妳不願吃藥，阿伯也答應妳了，對嗎？」

這一段期望她吃苦的話，我說得很緩慢。如今內容我無法熟稔記下，但是意涵與情感沒有改變。

沛羽流著眼淚，緩緩的點頭。

「阿伯希望妳試試看，但是不要放棄，因為不吃苦，就會一直生病呢……好嗎？……阿伯會陪妳……」

沛羽眼淚更多了，再次點了點頭。

「沛羽呀……妳答應阿伯了嗎？……妳願意吃藥了嗎……」

沛羽即使流著淚，也勇敢的點頭了。這是四歲小女孩的勇敢，她決定要吃藥，願意吃苦了，卸下之前不斷抗拒的姿態，重新整裝面對困難。

我要落實這個決定，復又問：「……沛羽……妳不喜歡吃苦……但是妳怎麼會答應阿伯，想要吃藥了呢？……」

沛羽說出內心的話：「因為我想要趕快好……」

我聽到沛羽的答案，內心深深感動。誠如我常體會，人都有追求自我價值的渴望，往上爬的動力，賴床、功課不好、被視為行為偏差的孩子，內在最深的渴望，其實和大人的目標一致，而深刻的對話，能幫助他們覺察自我價值。這場伯姪對話，我們的目標一致，只盼望病好起來。然而這覺察過程，對四歲的生病孩子而言，顯然不容易呀！但她做到了，我當下給她回饋：「沛羽……謝謝妳……阿伯會陪著妳……妳會努力試試吃藥……對嗎？……」

沛羽又點頭確認。

我和沛羽打了勾勾，在車子裡結束這場對話。

四歲孩子，她的世界是新的，人生正起步探索。我想要給孩子更多接納，給予孩子更多陪伴，讓孩子感覺更多的愛，讓她感到世界的美好。同時，我也要陪伴她的勇敢，陪她面對世界的挑戰，走向我們一致的目標。

我在對話中，陪她探索困難，也說出我的期待，期待她能夠吃苦，然而這個期待，是人生的重要價值。即使孩子沒有達成，我也接納，陪伴著她經歷這過程，成為她生命路途中重要的風景，無論風雨如何來打擾……

練習說愛

一個人要仰望多少次，才能看見天空？

——巴布・狄倫

時間，會把醜陋的炭石變成鑽石，也會讓閃亮的金屬變成鐵鏽。

——瓊・拜雅

午後的陽光灑落在台中，這城市多美麗。我對都市季節遞嬗的信物，來自行道樹的花容，春天欒樹花、夏季阿勃勒花、冬季黑板樹花。至於秋天，值得低頭看著人行道落了一片美人樹的粉紅殘花，綿延到秋末。

我所鍾愛的秋來了，「卡農」也來了。

我識人的功夫不好，在一面之緣後，轉頭不久都忘了，卡農除外。卡農是少數我記得的人，我們曾闊別四年後在街上邂逅，由我主動打招呼。在今日秋光的午後，卡農來作文班拜訪我，他相貌依舊清秀，眉宇之間已褪去了昔日那一道常有的鎖痕。

午後我有作文課，我邀卡農進入課堂。那日主題是「音樂與我」，我介紹了新出爐的諾貝爾文學獎得主——美國民歌手巴布．狄倫，也介紹了他年輕時的情人瓊．拜雅（Joan Baez）。瓊．拜雅曾寫了膾炙人口的歌〈鑽石與鐵鏽〉，描述巴布．狄倫有一雙比知更鳥蛋殼還要湛藍的眼，他在美國中部的電話亭，遙撥電話給她。這首歌是我年輕時遙想巴布．狄倫模樣的憑藉，他的眼裡有知更鳥，喉嚨更有歐亞鴝（註）。然而，歌詞中鑽石與鐵鏽的意象，該如何解釋，向來困擾歌迷，也成了巴布．狄倫與瓊．拜雅的分手之謎。孩子們與卡農聽了我的說明，眼中閃爍著光芒。

當晚，我前往南投公益演講，卡農陪我去。在車上，我告訴他，我多次將他與他父親的故事在演講分享，聽者甚為感動，今晚我要再次分享他的故事。卡農很詫異，想

註：即是知更鳥，是歐洲常見的鳴鳥，叫聲似笛。

聽我怎樣描述這段往事。之後他在會場聽我說了，還聽到了許多的聽眾對他的鼓掌。

我的好友Roger在場聆聽，會後走向坐第一排的卡農，表達敬意。Roger在幾年前，曾與女兒的關係疏離，由我從旁協助他如何表達對女兒的愛，但他在最後關頭怯情了，心中有愛，但仍說不出愛。

「你很勇敢呀！」Roger說。

卡農約十六歲，而Roger年近五十歲。

當面被可以當爸爸的人讚許，卡農眼裡都是光芒。

從溫暖的記憶，開始和「卡農」對話

我與卡農相遇前，先與他母親碰頭。

他母親來我這兒說，卡農與父親有了些狀況，她不知道該如何處理。

卡農全家移民至日本了，媽媽是台灣人，爸爸是一家日本企業的社長，家中成員還有一位女兒。全家住在日本，原本關係密切，但是到了卡農青少年時期，家庭關係悄悄的發生了變化。

卡農的功課不符合爸爸期待，兩人時有衝突，一言不合就甩上門。於是，卡農關閉在自己的世界，不願意與人連結，終日玩手機。不只不和爸爸連結，也很少和媽媽或其他人互動，去了學校以後，不只功課跟不上，和同學也處不來，幾乎沒有朋友。學校待不下去了。雙親決定讓卡農來台灣讀書，既可解決無校可讀的問題，也能透過分開，彼此有冷靜空間。卡農不願意，仍然被安排來台灣了，雖然暫別了家庭衝突，卻也更加閉鎖了自己的人際關係。

「中二病」，我想起這詞。這是日本詞彙，專指青少年進入成年期間，各種自以為是的言語與行為。由於事發在初中二年級開始，叫「中二病」，也就是台灣說的「青少年叛逆期」的種種行為。「中二病」在電影創造了各種戲劇衝突，但是在現實生活，絕對是難題。

我再聽下去，顯然又不單純是卡農的問題。母親說，進入青少年時期的卡農想和父親多一點連結，但身為社長的爸爸，語言裡充滿道理、期待與指責，男孩很難和爸爸接近。

卡農喜歡和父親一起騎單車，一起泡溫泉的時光。但是當他十二歲左右，功課壓得他喘不過氣來，父子逐漸疏遠了。他感到遺憾與傷心，多次莫名的和父親吵架，也寫過信給爸爸，邀請爸爸再次共享這些時光，卻沒有得到正面回應，石沉大海。

卡農心中有個美好的記憶。那是幼年，小卡農和爸爸常去河堤邊外的公園看人打棒球，期待有天一起去看甲子園或日本職棒。然後，他們在草坪上玩起丟接棒球的遊戲。

小卡農每次接球前，會往胯下比幾下。

「那是什麼？」爸爸好奇的問。

「捕手都這樣，每次都要在雞雞這位置，比暗號給投手。你都不懂我比的意思嗎？」小卡農說。

「我現在懂了，那我就投強力直球給你。」爸爸笑說。

所謂的強力直球，對爸爸來說，只投出一顆暴投壞球，偏離了小卡農的手套而飛到更遠處。那天傍晚，他們在草坪邊的雜草區，尋找失去的棒球，怎麼都找不到。爸爸教他用一種地毯式搜索的方式找，那就是兩人並肩，一直線往前走，然後迴轉一百八十度走回來，這樣能踏遍每塊地。他們最後找到了球，可是天色已晚，沿著河堤走回家，夕陽美好。

小卡農崇拜父親，能想出這樣的撿棒球的方法，好高招。他心想，希望每天這樣跟爸爸走河堤回家，很美好。

如今，被認為有「中二病」的卡農，卻心想：「這樣的日子彷彿在小時候就結束了。」

上述事情，是卡農的母親跟我講的。我心中想起那美好的北國黃昏落日，落霞輕染，風從河岸吹過來，烏鴉發出寂寞的鳴叫，大地尚有溫熱，距離夜晚還有段距離。一對父子走回家時談論著棒球，爸爸或許還捏捏幼子的臉頰。這時落日要消失在犬齒狀的都市天際，那麼一丁點的餘光，值得父子停下來看，一看就入了神。

想起這幅圖，我轉頭跟媽媽說：「我希望邀請卡農與爸爸來。」

我希望他們能看到，彼此心中這幅美麗的河堤落日。

孩子，爸爸以你為傲

卡農一家四人來了。

卡農不想來見我，被媽媽執拗帶來。他表情僵硬，雙手交叉在胸前，雙腳交疊靠在椅背上，一副峻拒我的表情，很冷酷且桀驁不馴的模樣。

我問卡農，最後怎麼答應來了呢？

他無奈的聳聳肩，表示被媽媽硬拉來的。

至於身為社長的爸爸，身穿西裝與皮鞋，頭髮修整乾淨，極為恭敬，讓我和日劇裡的角色真實接觸似的。在日本工作的爸爸偶爾來台，但是今日則專程來拜訪。

彼此寒暄後，我便問及爸爸的期待。

爸爸只是希望孩子樂觀就好。這聽起來很簡單，但掩藏了甚多訊息。

我轉頭問卡農，此刻還是這麼想和父親連結嗎？

卡農不置可否的說：「都可以吧……」

我在卡農的渴望裡工作，打開閉鎖的經驗，引導他與我對話，十分鐘就足夠了。漸漸的，他身段柔軟了起來，雖然雙手在胸前交叉，雙腿也交叉，身子往後傾，但是開始和我侃侃而談，談及課業的壓力，不符合自己與父親的期待，談及對自己的生氣，也談及與父親過往的時光，他很珍惜與父親共有的美好……

我轉身告訴爸爸，你知道兒子曾有的渴望嗎？這麼深深的渴望著你，尊敬著你，並且崇拜你……

爸爸臉頰潮紅，艱難點頭的表示自己知道。

我請爸爸分享對孩子的正向，哪些是他看見的價值？爸爸引以為傲的。

爸爸感性說，孩子從小純真，能和他人連結，那是內向的自己做不來的，他深深感覺驕傲，但是孩子長大了，卻跟自己的內向性格相近了，閉鎖了自己。他感到焦慮，他希望孩子不要走上自己的道路。另外，爸爸提及男孩的電腦學習能力強，才來台灣一陣子，無人教導，自學甚快。他感到不可思議，「我對於有這樣的兒子，很驕傲。」

父親長年的姿態，多半是說教、講期待，從未分享正向的欣賞。此刻的柔潤之言，使緊繃的父子關係破冰了。

卡農對爸爸的話，感到很驚訝！他從來不知道爸爸是這樣看待他。原來他在爸爸心中是有價值的少年，是如此珍貴。於是卡農的雙手放下來，雙腳也放下來，臉色略微潮紅。爸爸的雙手也放下了，身軀柔軟了許多，一股愛的動能緩緩在我們之間流動。

這對父子的關係，此刻較為靠近了。

親密關係需要練習

我問爸爸：「你愛著卡農嗎？」

爸爸說：「是的。」

我說：「邀請你對著卡農表達愛，還有你欣賞他的部分。」

爸爸深呼吸後，開口就是長篇大論，談論什麼「愛」的本質在人類社會的意義，在企業裡也有著潤滑劑的作用。他這席話帶著一種對下屬表達的口氣，就是沒有表達愛。

「停。」我數次喊。

愛沒有這麼曲折。但是，這對父親與身兼社長的男人，真是不容易的事。我教導爸爸，而且親身示範，如何說我愛你，如何說剛剛欣賞兒子的那份真摯之言，這事情很簡單。爸爸再次開口時，不是說道理了，分享的是過往的回憶，回憶父子一起騎腳踏車的快感，爸爸的臉龐慈祥，在愛的流光中湧動。

男孩的姿勢前傾了，雙肘頂在膝蓋，用手托著下巴，彷彿捕手要捕捉到爸爸丟過來的球，一顆滿心充滿「愛」的棒球。他聽著爸爸深情的分享父子關係，時間過了，就是沒有聽到愛。

「停。」這次輪到男孩喊了，說：「爸爸，說最重要的那句話就好，很短的、很直接的……」

爸爸愣了一下，單手握拳，看著這個兒子。我看出爸爸深情款款，但是也有點兒不知所措，真是為難了。

爸爸停頓了一會兒，帶點兒生硬的，說：「爸爸，愛著你呀！」

男孩接到這顆球了，激動點頭。

我問卡農，有什麼感覺？他說，很高興。那男孩愛爸爸嗎？卡農點頭，我邀請他表達。他毫不猶豫的說：「爸爸，我也愛著你……」

父子關係的這道門打開了。爸爸的臉上與眼睛閃爍著流光，又談及騎腳踏車的時光，他陳述自己的感覺，有多想回到舊日時光。他迫不及待的告訴兒子，他趁兒子來台就讀時，將家裡改變了，清出一條通往門外的小路，能讓他和卡農騎車出去逛，他想再次和兒子一起騎車，一起去河堤外打棒球，他甚至邀請男孩而問：「好嗎？」

我挺感動爸爸的說話，一個社長要這樣談話，我知道不容易。接著，我請爸爸對女兒說愛。親密關係需要練習，但心中有愛，人生處處是捷徑。這回爸爸習慣了，專注凝視，無礙且深情的喊了女兒的名字，說：「爸爸也很愛著妳！以妳為傲。」

二十五歲的姊姊，從沒聽過爸爸對她說「愛」。而愛的魔球這麼遠，飛了二十五年她才接到，落入心坎的聲音如此貼近她的心跳，女兒只能淚流滿面。旁觀的媽媽也是，因為愛有感染力。

這是個可愛的畫面呀！愛的溫度，是可以把炭石變成鑽石；愛也要時時勤拂拭，練習說愛與擁抱，關係才不會生鏽。我看著這一家人，心中充滿著無限的尊敬，無限的讚美。或許，他們可以一起去騎單車，去河堤外打棒球，那裡的草坪大到足夠他們去製造更多美好的記憶了。

家庭是一條愛的流域，我也感受了這趟愛的旅程。

國家圖書館預行編目資料

對話的力量：以一致性的溝通，化解內在冰山／李崇建、甘耀明著 --初版.--臺北市：寶瓶文化, 2017.5
面； 公分.--(Catcher；086)
ISBN 978-986-406-087-0(平裝)
1.親職教育 2.親子關係 3.師生關係

528.2 106006256

寶瓶 AQUARIUS

catcher 086

對話的力量——以一致性的溝通，化解內在冰山

作者／李崇建、甘耀明

發行人／張寶琴
社長兼總編輯／朱亞君
副總編輯／張純玲
資深編輯／丁慧瑋　編輯／林婕伃
美術主編／林慧雯
校對／丁慧瑋・劉素芬・陳佩伶・李崇建・甘耀明
營銷部主任／林歆婕　業務專員／林裕翔　企劃專員／李祉萱
財務／莊玉萍
出版者／寶瓶文化事業股份有限公司
地址／台北市110信義區基隆路一段180號8樓
電話／(02)27494988　傳真／(02)27495072
郵政劃撥／19446403　寶瓶文化事業股份有限公司
印刷廠／世和印製企業有限公司
總經銷／大和書報圖書股份有限公司　電話／(02)89902588
地址／新北市新莊區五工五路2號　傳真／(02)22997900
E-mail／aquarius@udngroup.com

法律顧問／理律法律事務所陳長文律師、蔣大中律師
如有破損或裝訂錯誤，請寄回本公司更換
著作完成日期／二〇一七年二月
初版一刷日期／二〇一七年五月三日
初版五十三刷日期／二〇二三年十二月八日

ISBN／978-986-406-087-0
定價／三〇〇元

AQUARIUS
寶瓶
文化事業

愛書人卡

感謝您熱心的為我們填寫，
對您的意見，我們會認真的加以參考，
希望寶瓶文化推出的每一本書，都能得到您的肯定與永遠的支持。

系列：Catcher 086 **書名：對話的力量——以一致性的溝通，化解內在冰山**

1. 姓名：＿＿＿＿＿＿＿＿ 性別：□男 □女
2. 生日：＿＿＿年＿＿＿月＿＿＿日
3. 教育程度：□大學以上 □大學 □專科 □高中、高職 □高中職以下
4. 職業：＿＿＿＿＿＿＿＿
5. 聯絡地址：＿＿＿＿＿＿＿＿＿＿＿＿＿＿＿＿＿＿＿＿
   聯絡電話：＿＿＿＿＿＿＿＿ 手機：＿＿＿＿＿＿＿＿
6. E-mail信箱：＿＿＿＿＿＿＿＿＿＿＿＿＿＿＿
   □同意 □不同意 免費獲得寶瓶文化叢書訊息
7. 購買日期：＿＿＿年＿＿＿月＿＿＿日
8. 您得知本書的管道：□報紙／雜誌 □電視／電台 □親友介紹 □逛書店 □網路 □傳單／海報 □廣告 □其他
9. 您在哪裡買到本書：□書店，店名＿＿＿＿＿＿ □劃撥 □現場活動 □贈書 □網路購書，網站名稱：＿＿＿＿＿＿ □其他＿＿＿＿＿＿
10. 對本書的建議：（請填代號 1. 滿意 2. 尚可 3. 再改進，請提供意見）
    內容：＿＿＿＿＿＿＿＿＿＿＿＿
    封面：＿＿＿＿＿＿＿＿＿＿＿＿
    編排：＿＿＿＿＿＿＿＿＿＿＿＿
    其他：＿＿＿＿＿＿＿＿＿＿＿＿
    綜合意見：＿＿＿＿＿＿＿＿＿＿＿＿＿＿＿＿＿＿＿＿＿＿＿＿
11. 希望我們未來出版哪一類的書籍：＿＿＿＿＿＿＿＿＿＿＿＿＿＿＿＿

讓文字與書寫的聲音大鳴大放

寶瓶文化事業股份有限公司

（請沿此虛線剪下）

廣 告 回 函
北區郵政管理局登記
證北台字15345號
免貼郵票

寶瓶文化事業股份有限公司 收

110台北市信義區基隆路一段180號8樓

8F,180 KEELUNG RD.,SEC.1,

TAIPEI.(110)TAIWAN R.O.C.

（請沿虛線對折後寄回，或傳真至02-27495072。謝謝）

AQUARIUS

AQUARIUS